زندگی کے دھنک رنگ

(تعمیر نیوز ویب پورٹل کے منتخب مضامین)

زندگی سیریز: 1

مرتب:

مکرم نیاز

Zindagi ke dhanak Rang *(Essays)*
by: Mukarram Niyaz
Edition: May '2023
Publisher & Printer:
Taemeer Publications LLC (Michigan, USA / Hyderabad, India)

ISBN 978-81-19022-39-7

9 788119 022397

کتاب	:	**زندگی کے دھنک رنگ** (منتخب مضامین)
مرتب	:	**مکرم نیاز**
صنف	:	نثری مضامین
ناشر	:	تعمیر پبلی کیشنز (حیدرآباد، انڈیا)
زیر اہتمام	:	تعمیر ویب ڈیولپمنٹ، حیدرآباد
سالِ اشاعت	:	۲۰۲۳ء
تعداد	:	(پرنٹ آن ڈیمانڈ)
طابع	:	تعمیر پبلی کیشنز، حیدرآباد – ۲۴
صفحات	:	۱۰۴
سرورق ڈیزائن	:	تعمیر ویب ڈیزائن

فہرست

انتساب

تعمیر نیوز

ویب پورٹل کے معزز قارئین

کے نام

دمک رہی ہے دھنک زندگی کے سنگم پر

مکرم نیاز

آج کا قاری اطلاعاتی و مواصلاتی ٹیکنالوجی کے ایسے عہدِ زریں میں جی رہا ہے جہاں انگلی کی چھوٹی سی حرکت پر انٹرنیٹ کے کسی سرچ انجن کے سہارے مطلوبہ مواد اپنے مطالعے یا اضافۂ معلومات کی خاطر حاصل کیا جا سکتا ہے۔ مگر ظاہر ہے کہ سائبر دنیا کو علمی و ادبی ذخیرے کا منبع بنانے کے لیے ہر زندہ زبان کے محبان کو اپنی ذمہ داری نبھانی ضروری ہے۔ لہذا راقم الحروف نے ۱۵؍ دسمبر ۲۰۱۲ کو 'تعمیر نیوز' کا آغاز بطور نیوز پورٹل کیا تھا جسے جنوری ۲۰۱۸ء سے ایک علمی، ادبی، سماجی اور ثقافتی پورٹل میں تبدیل کیا گیا۔ تبدیلی کی بنیادی فکر یہی رہی کہ اردوداں قارئین کے ذوقِ مطالعہ میں اضافہ کی خاطر انہیں صرف خبروں تک محدود رکھنے کے بجائے اردو زبان و ادب کے اس علمی ذخیرے سے مستفید کیا جائے جس کی سائبر دنیا میں آج بھی کمی محسوس کی جاتی ہے۔ گیارہ (۱۱) سالہ طویل سفر کے دوران 'تعمیر نیوز' نے علمی و ادبی مواد کے انتخاب، معیار کی برقراری اور نوجوان قلمکاروں کی تحریروں کی تدوین، اشاعت اور ان کی حوصلہ افزائی کے لیے اپنا فریضہ نبھانے میں کوئی کوتاہی نہیں برتی ہے۔

انٹرنیٹ اور ویب سائٹس کی افادیت کے باوجود اس بات کا انکار نہیں کیا جا سکتا کہ کاغذی کتاب اور کتب خانے کی اہمیت ہر دور میں رہی ہے اور رہے گی بھی۔ یہی سبب ہے کہ ادارہ تعمیر نیوز کی جانب سے آن لائن پورٹل پر شائع شدہ منتخب تحریروں کو کتابی شکل میں طبع کرنے اور قومی و بین الاقوامی کتب خانوں میں ان کتب کو شامل کروانے کا منصوبہ بنایا گیا ہے تاکہ عہدِ حاضر کے

قلمکاروں، رجحانات و موضوعات کو کاغذی صورت میں بھی محفوظ کیا جا سکے۔ اس سلسلے میں **'زندگی'** سیریز کے عنوان سے پہلی پانچ کتابوں کی اشاعت بالترتیب عمل میں لائی جا رہی ہے۔

زیر نظر پہلی کتاب **"زندگی کے دھنک رنگ"** میں جملہ ۲۱ منتخب مضامین شامل ہیں جنہیں چار زمروں میں تقسیم کیا گیا ہے۔ دورِ حاضر کے جواں سال ہندوستانی قلمکار جن کی تحریریں مقبول عام اردو اخبارات میں شائع ہوتی اور ذوق و شوق سے پڑھی جاتی ہیں۔ حفظ الرحمٰن، علم اللہ، فیضان الحق اور حمنہ کبیر نے اپنی دلچسپ اور مفید تحریریں تعمیر نیوز میں بھی اشاعت کی غرض سے ارسال کی تھیں۔ جہاں سینئر قلمکار ندیم صدیقی، شاہد لطیف، ڈاکٹر مجید خان (مرحوم)، محمد اسحاق، عبدالمغنی، عصمت جہاں صدیقی اور زبیر حسن شیخ کے مضامین اپنے موضوعات کے تنوع کے حوالے سے اہمیت رکھتے ہیں وہیں نامور ادیب قرۃ العین حیدر، یوسف سلیم چشتی اور مولانا وحید الدین خان کے مضامین بھی بطور تبرک شامل کیے گئے ہیں۔ پڑوسی ملک پاکستان کے وہ قلمکار جو دیگر ممالک میں قیام پذیر ہیں، کی تحریریں اپنے منفرد موضوعات کی مناسبت سے منتخب کی گئی ہیں جن میں عابد علی بیگ، عابدہ رحمانی اور جویریہ سعید کے نام قابل ذکر ہیں۔

امید ہے کہ اس کاوش کا علمی و ادبی حلقوں میں استقبال کیا جائے گا۔

مکرم نیاز

۱۳ / جون ۲۰۲۳ء

حیدرآباد (تلنگانہ، انڈیا)

مضمون: ۱

گلستاں میں کہیں بھی پھول یک رنگی نہیں ہوتے

حفظ الرحمن ابو اللیث (ممبئی)

ہندوستان مختلف مذاہب کے ماننے والوں، مختلف زبانیں بولنے والوں اور مختلف روایات کی پاسداری کرنے والے عوام کا ایک خوبصورت گلدستہ ہے اور یہی ہندوستان کی اصل خوبصورتی ہے۔ اگر ہم دو گلدستوں کا تصور کریں جس میں ایک گلدستہ محض یک رنگی پھولوں پر مبنی ہے اور دوسرا گلہائے رنگارنگ سے مزین ہے، تو پہلی نظر میں کئی رنگوں کے پھولوں والا گلدستہ دلکش اور جاذب نظر معلوم ہوتا ہے۔

معروف فلم نغمہ نگار جاوید اختر نے اپنی نظم "نیا حکم نامہ" میں گلستان یا ہندوستان میں گلہائے رنگا رنگ اور یک رنگی پھولوں کا فلسفہ اور ان کے درمیان کے تفاوت کو بڑی خوبصورتی سے بیان کیا ہے۔

مرکزی وزیر داخلہ امت شاہ مختلف مواقع پر "ایک ملک - ایک زبان" کا فلسفہ پیش کرتے ہوئے ہندی زبان کو قومی زبان کا درجہ دینے کی حمایت کر چکے ہیں۔ امت شاہ کا ماننا ہے کہ اب ملک کو ایک زبان کی ضرورت ہے تاکہ غیر ملکی زبانوں کو ہندوستان میں جگہ نہ مل پائے۔ اس تناظر میں وہ ہندی کو قومی زبان کے طور پر اختیار کرنے کے حق میں ہیں، کیونکہ ہندی زبان کو مجاہدین آزادی نے "راج بھاشا" کے طور پر قبول کیا تھا۔ اپنے اس موقف پر مرکزی وزیر داخلہ کو جنوبی ہند اور شمال مشرقی ریاستوں سے سخت تنقیدوں اور مخالفت کا سامنا کرنا پڑا تھا۔

یہ سچ ہے کہ ہندوستان کی آبادی کا کم و بیش نصف حصہ ہندی بولنے والوں پر مبنی ہے۔ وطن عزیز میں جہاں ۴۴ فیصد کے قریب آبادی ہندی بولنے والوں کی ہے، اس کے مقابلے میں ملک میں بولی جانے

والی دوسری سب سے بڑی زبان بنگالی ہے، جو ملک کی محض ۸ فیصد آبادی کی زبان ہے۔ اس کے بعد ۷ فیصد کے ساتھ مراٹھی زبان تیسرے مقام پر آتی ہے۔ گرچہ ہندی زبان کو باقاعدہ طور پر قومی زبان کا درجہ نہ دیا گیا ہو، تاہم اس کے بغیر بھی ہندی ملک میں قومی سطح پر رابطہ کی زبان تسلیم کی جاتی ہے۔

خود مغربی بنگال کی وزیر اعلی ممتا بنرجی بھی یہ تسلیم کرتی ہیں کہ اگر انہیں کولکاتا سے دہلی تک کا سیاسی سفر طے کرتا ہے تو انہیں ہندی زبان سیکھنے کی ضرورت ہو گی۔

مسئلہ اس وقت ہوا جب ہندی زبان کو دیگر زبانیں بولنے والوں پر قومی زبان کے طور پر مسلط کرنے کی کوشش کی گئی۔ ہندی اسپیکنگ طبقہ کیلئے امت شاہ کا ہندی کو قومیانے کا خیال ہندی زبان کے حق میں معلوم ہوتا ہے، لیکن اپنی اصل وضع میں یہ خیال جنوبی ہند اور شمال مشرقی ریاستوں میں ہندی مخالف رد عمل کو ہوا دینے والا ہے۔ گزشتہ دنوں تمل ناڈو کے وزیر تعلیم کے۔ پونموڈی ہندی مخالف رد عمل میں اس حد تک چلے گئے کہ انہوں نے ہندی زبان کو 'پانی پوری بیچنے والوں کی زبان' قرار دے دیا۔ یہ اس وزیر کا رد عمل ہے جو ملک کی ایک ریاست میں تعلیم و تعلم کے معاملات کی ذمہ داریاں سنبھالتے ہیں۔ اندازہ کیا جا سکتا ہے کہ اگر ہندی کو مسلط کرنے کی کوششیں مستقل طور پر کی گئیں تو یہ مخالف رد عمل کس مقام تک جا سکتا ہے؟ اس معاملے میں بین الاقوامی شناخت رکھنے والے آسکر ایوارڈ یافتہ موسیقار اے آر رحمن نے بھی ڈھکے چھپے طور پر رد عمل ظاہر کیا تھا جو عام طور پر متنازع معاملات پر اپنی رائے پیش کرنے سے گریز کرتے ہیں۔

اس معاملے کو مزید ہوا ہندوستانی فلمی صنعت کے دو اداکاروں کے درمیان گزشتہ دنوں ہوئی ٹویٹر وار نے دی تھی۔ جنوبی ہند کے نامور اداکار کچا سدیپ نے حالیہ ساؤتھ انڈین فلموں کی کامیابیوں کے بعد ترنگ میں آ کر کہہ دیا کہ:

'ہندی اب قومی زبان نہیں رہ گئی ہے!'

اس کے رد عمل میں ہندی فلم اداکار اجے دیوگن نے کہا:

'ہندی ماں بولی ہے اور ہمیشہ قومی زبان رہے گی!'

اس معاملے میں کچا سدیپ کے انکار میں بھی اقرار پوشیدہ ہے کہ وہ تسلیم کرتے ہیں کہ ہندی قومی زبان ہے، خواہ ہندوستان میں اسے باقاعدہ طور پر قومی زبان کا درجہ نہیں دیا گیا ہے۔

وہیں اجے دیوگن کے رد عمل میں ہندی کو غیر ہندی داں طبقہ پر مسلط کرنے کا انداز نظر آتا ہے۔

یہ پہلا موقع ہے جب ہندوستانی فلم صنعت زبان کے حوالے سے ایک دوسرے کے خلاف سخت گیر موقف اختیار کر رہی ہے۔ آج تک گرچہ فلموں کے ناظرین کے علاقے مختلف تھے لیکن فلموں کی مختلف زبانوں میں ڈبنگ کی بنیاد پر جنوبی ہند کی فلمی صنعت اور بالی ووڈ کے اداکار یکساں مقبولیت رکھتے تھے۔ زبان جہاں رجنی کانت کی مقبولیت کو نقصان پہنچا سکی تھی اور نہ ہی شاہ رخ خان کے پرستاروں کے تعداد میں کمی کا سبب بن سکی تھی۔

اس تنازع سے اس ہندوستان کی شبیہ کو نقصان پہنچتا نظر آ رہا ہے جس میں بالی ووڈ کے اداکار جنوب میں اور جنوب کے اداکار ہالی ووڈ کی فلموں میں نظر آتے تھے۔ گزشتہ دنوں تیلگو فلموں کے اداکار مہیش بابو نے کہا کہ بالی ووڈ یعنی ہندی فلم صنعت انہیں 'افورڈ' نہیں کر سکتی۔ گرچہ مہیش بابو نے یہ تبصرہ زبان کے حوالے سے نہ کیا ہو لیکن ایک بڑا طبقہ ان کے اس تبصرہ کو زبان کے تناظر میں بھی دیکھ رہا ہے۔

مرکزی وزیر داخلہ ہندی زبان کو قومی زبان کا درجہ دینے کے حق میں یہ دلیل دیتے ہیں کہ اس طرح سے "غیر ملکی زبانوں" کو ہندوستان میں جگہ نہیں مل سکے گی۔ امت شاہ کے یہاں 'غیر ملکی زبانوں' کی تعریف کیا ہے یہ وہی جانتے ہیں لیکن زبانوں کو سیاسی فیصلوں اور نادر شاہی فرمان سے محدود نہیں کیا جا سکتا۔ زبانیں براہ راست زمین اور اس پر بسنے والوں سے تعلق رکھتی ہیں، اور ان کا فیصلہ بند دروازوں کے پیچھے لینے کے خطرناک اثرات سامنے آتے ہیں۔ زبانیں اپنے بولنے والوں کے ذریعہ سے پھلتی اور پھیلتی ہیں۔

ہندوستان میں جو بھی آیا ہے وہ اپنی زبان ساتھ لایا ہے۔ پھر وہ مغل ہوں، پرتگالی ہوں یا انگریز،

ہندوستان ان کی زبانوں کو اپنے وسیع دامن میں جگہ دیتا گیا ہے جیسے ایک خوبصورت اور جاذب نظر گلدستہ مختلف رنگوں کے پھولوں سے سجا ہوتا ہے۔ گزشتہ حکومتوں نے ہندوستان کی اس خوبصورتی کو چھیڑنے سے گریز کیا ہے کیونکہ وہ اس کے رد عمل کے طور پر سامنے آنے والے مضر اور وسیع تر اثرات سے بخوبی واقف تھے۔

مرکزی وزیر داخلہ کا موقف جہاں ہندی کے حوالے سے جنوبی ہند اور شمال مشرقی ہند میں ناپسندیدگی کو ہوا دیتا ہے، وہیں دیگر زبانوں کے اہل زبان کے سخت گیر موقف کا بھی سبب بنتا ہے۔ اگر امیت شاہ بی جے پی کیلئے سیاسی فائدہ کشید کرنے کے مقصد سے ہندی کو قومیانے کے حق میں ہیں تو انہیں صرف ۴۴ فیصد ہندی بولنے والے ہندوستانیوں کی حمایت حاصل ہوگی، وہیں ۵۶ فیصد ہندوستانی ان کے موقف کے خلاف جاسکتے ہیں۔ امت شاہ گھاٹے کا یہ سودا ہرگز منظور نہیں کریں گے۔ مہاراشٹر نونرمان سینا کے سربراہ راج ٹھاکرے کی جانب سے مراٹھی زبان کے حوالے سے سخت گیر موقف اختیار کرنے کے اثرات آج ہمارے سامنے ہیں کہ لاؤڈ اسپیکر تنازع میں بی جے پی کی ہمنوائی کے باوجود ایودھیا دورے کیلئے انہیں خود بی جے پی رکن پارلیمان کی جانب سے مخالفت اور معافی کے مطالبہ کا سامنا کرنا پڑ رہا ہے۔

شیوسینا کے رکن پارلیمان سنجے راوت اگر ہندی کو قومی زبان کا درجہ دینے کی وکالت کرتے ہیں تو اس کی وجہ یہ ہے کہ شیوسینا ۶ فیصد مراٹھی بولنے والے ہندوستانیوں پر پہلے سے پکڑ مضبوط رکھتی ہے اور وہ ایک ایسی علاقائی پارٹی ہے جو مراٹھی کے ساتھ ہندی اسپیکنگ خطے میں سرگرم ہے۔ شیوسینا کو اس سے کسی قسم کے سیاسی نقصان پہنچنے کے امکانات نہیں ہیں، جبکہ بی جے پی ایک قومی جماعت ہے۔

ہندوستان جیسے طویل و عریض اور کثیر لسانی ملک میں کسی زبان کو قومیانے سے قبل ایک نظر پڑوس میں پاکستان اور بنگلہ دیش کی جانب دیکھ لینا چاہیے جو کبھی یک جان دو قالب ہوا کرتے تھے لیکن پاکستان میں اردو کو قومی زبان کے طور پر اختیار کرنا مشرقی پاکستان کے بنگلہ بولنے والوں کی ناراضگی کا

ایک اہم سبب بن گیا تھا۔

عالمی کورونا بحران کے ساتھ مہنگائی، بے روزگاری اور عدم رواداری جیسے سنگین مسائل سے نبرد آزما ہندوستان اب زبانوں کے مابین تصادم کا متحمل نہیں ہے، بلکہ اس میں سخت گیر موقف اختیار کرنے سے ملک کی سالمیت کو بھی نقصان پہنچ سکتا ہے۔

☆☆☆

India's language and cultural diversity. by: Hifzur Rehman (Mumbai)
TaemeerNews, Dated: 18-05-2022

مضمون: ۲

زندگی، ہٹس لائکس اور وائرل سے بھی آگے ہے

محمد علم اللہ (نئی دہلی)

میں اپنی آنکھوں کے سامنے دو طرح کے میڈیا والوں کو دیکھتا ہوں، ایک وہ جو لائکس، شیئرز اور ہاں میں ہاں میں ہاں ملانے کے لیے دوستی، پرانی شناخت حتیٰ کہ بنیادی حدود کو بھی ترک کر دیتے ہیں۔ انہیں ہر حال میں توجہ کی ضرورت ہوتی ہے۔ دوستی ہو یا نہ ہو اس سے کوئی فرق نہیں پڑتا۔ ان ہی "کامیاب اور روشن چہروں والوں" کو دیکھ کر ایک پوری نسل تیار ہو رہی ہے۔ جو لوگ ایسا کرتے ہیں، ان کو شاید کوئی فرق نہ پڑے، لیکن جن کے ساتھ ہم یہ کرتے ہیں، وہ نوٹس لیتے ہیں۔

دوسری طرف وہ لوگ ہیں جو مقام حاصل کر کے اس پیشے سے ایسے نکل آتے ہیں جیسے سوئی سے دھاگہ بغیر مشقت کے نکل آتا ہے۔ وہ دھاگہ جانتا ہے کہ میں سوئی کے بغیر موجود ہوں۔ یہ میڈیا والے بھی جانتے ہیں کہ کپڑے پر کسی بڑے برانڈ کا ٹیگ نہ بھی ہو تو بھی اس میں جان ہوتی ہے۔ آپ کے پاس ایک خوبصورت تخیل اور طرز زندگی ہے جس کے ساتھ آپ کو کھیل جاری رکھنا ہے۔ میں زیادہ تر لوگوں کی بنائے ہوئے "کامیاب شخص" کی تعریف پر بالکل فٹ نہیں بیٹھتا۔ ذرا اس کو یوں سمجھیں جیسے کوئی بیٹری والے رکشے میں زبردستی گنے کے گٹھے لادنے کی کوشش کر رہا ہو۔ جس طرح سے گاڑی پر گانٹھیں لادی جاتی ہیں میں اس سے خوش ہوں۔

اس کے باوجود ملک کے مختلف اداروں میں صحافت کی تعلیم حاصل کرنے والے لوگوں کی طرف سے مجھے پیغامات آتے ہیں۔ پیغام کا پہلا دوسرا جملہ کسی کتاب یا موضوع کے بارے میں معلومات حاصل کرنے سے شروع ہوتا ہے اور جب میں اس کا جواب پوری جلد بازی سے دیتا ہوں تو وہ کھلنے

لگتے ہیں اور پھر مجھے ان کے اندر اداسی، ویرانی اور مایوسی نظر آنے لگتا ہے۔ وہ منفی خیالات کی گٹھری لائے ہوئے ہوتے ہیں اور سب سے زیادہ اس کا شکار نام نہاد میڈیا پرسنز ہیں۔

میں صحافت کی تعلیم حاصل کرنے والے افسردہ اور اداس طلبہ سے الگ بات کرنا چاہوں گا، اگر مجھے موقع ملا تو میں گوگل میٹ پر ایک سیشن کروں گا۔ لیکن فی الحال میں یہاں صرف اتنا کہنا چاہتا ہوں کہ آپ سب سے پہلے مایوسی اور اداسی کے حصار سے نکل کر اپنے کیریئر کے نقطۂ نظر سے سوچنا شروع کریں۔ ایک ایسی زندگی جس میں احساس، خوشیاں، چھوٹی چھوٹی کامیابی اور موہ مایاوالی چیزوں سے ایک لمحے میں خود کو الگ کرنے کی اہلیت شامل ہو۔

صحافت یا کوئی اور پیشہ زندگی سے الگ نہیں ہے۔ زندگی کے اندر ہی سب کچھ ہے۔ اسے اس سے باہر سوچنے کا مطلب ہے کہ آپ پہلے سے ہی ٹوٹے ہوئے دماغ کے ساتھ جی رہے ہیں۔

ان دنوں میں نے ان لوگوں کو زیادہ پڑھنا شروع کر دیا ہے جو میڈیا کے لیے کام کرتے ہوئے بھی ایک بہتر زندگی گزارنے کیو کوشش کر رہے ہیں۔ میں ان لوگوں کی پیروی کرتا ہوں جو زندگی میں واپس آنے کی کوشش کر رہے ہیں اور لائیکس، شیئرز، ہٹس سے محروم رہتے ہیں۔ یقیناً ان کی زندگی پہلے سے زیادہ خوبصورت ہوگی۔ جس کے اندر کامیابیوں اور کامرانیوں کی کہکشاں ہے، اگر وہ یہ سب کچھ حاصل کر بھی لیں تو وہ کسی نہ کسی محاذ پر خوبصورت زندگی کو تباہ کر دے گا۔

میری زندگی میں کوئی شارٹ کٹ نہیں ہے۔ میں اپنے کوائف نامے کو موٹا بنانے کے بجائے ٹماٹر خریدنے میں زیادہ وقت صرف کرتا ہوں۔ میں صرف اتنا سمجھتا ہوں کہ زندگی پیزا بیس ہے، باقی سب کچھ اس کی ٹاپنگ ہے۔ اگر آپ کو بیس کا ذائقہ معلوم نہیں ہے تو اس میں کالا زیتون اور سرخ شملہ مرچ ڈالتے رہیں اور پنیر بھرتے رہیں۔ ذائقہ نہیں آئے گا۔

☆☆☆

Life is more than hits likes and viral. by: Mohammad Alamullah (New Delhi)
TaemeerNews, Dated: 26-01-2022

مضمون: ۳

عجب یہ ہند کی دیکھی بہار ہولی میں

فیضان الحق (نئی دہلی)

شہر کی مصروف زندگی میں جب ہولی جیسا تیوہار دستک دیتا ہے تو دل اپنے گاؤں کی اور کھنچا چلا جاتا ہے۔ وہ گاؤں جس نے میری پیدائش کے ساتھ ہی یہ احساس دلایا کہ آپ ہندوستانی ہیں۔ مشترکہ تہذیب کیا ہوتی ہے؟ اس کی خصوصیات کیا ہیں؟ یہ تو بہت بعد کا قصہ ہے۔ حقیقت تو یہ ہے کہ میری آنکھ اسی تہذیب میں کھلی۔ گھر کے آگے اپنے مسلم دادا دادی کے مکانات تھے اور گھر کے ٹھیک پیچھے اشرفی دادا، چھتر دادا اور بدھئی بھیا کے چھپر رکھے ہوئے تھے۔ شمال میں سنت رام بھیا اور شنکر دادا کے مکانات تھے۔

ایسے میں جب ہولی کا تیوہار آتا تو گھر کی چھت سے اس کا منظر ہی کچھ اور ہوتا۔ صبح ہی سے چہل پہل شروع ہو جاتی۔ بیچ گاؤں میں سڑک کے کنارے ہولیکا جلائی جاتی۔ جہاں ہندو سے زیادہ مسلمان لڑکے آگ تاپ رہے ہوتے۔ دادا ابا سے سنا ہے کہ گزشتہ دنوں میں گاؤں کے تمام مسلم حضرات بھی ہولیکا کی لکڑی جمع کرنے میں بڑھ چڑھ کر حصہ لیتے تھے۔ اور ہولیکا دہن کے لئے لکڑیوں کا ایک بڑا سا ڈھیر لگ جاتا تھا۔ سب لوگ ہولیکا دہن کرتے۔ آگ تاپتے اور پھر رنگ برسنا شروع ہو جاتا۔

ہولی کھیلنے کی شروعات میرے گھر کے پیچھے شنکر دادا کے دوارے سے ہوتی۔ گاؤں بھر کے لوگ یہیں جمع ہو جاتے۔ بھگاڑے سے کوشل دادا اپنے ساتھ ایک پوری ٹیم لے کر آ پہنچتے اور رنگین محفل سجا دی جاتی۔ لوگ خوب ناچتے گاتے اور ایک دوسرے پر رنگوں کی بارش کرتے۔ اس وقت عبیر کا چلن اتنا عام نہیں ہوا تھا۔ اسلئے وہی لال ہرے، پیلے رنگوں کا استعمال کیا جاتا۔ پیسہ بچانے کیلئے

کچھ لوگ تو بالٹی بھر پانی میں صرف ایک پڑیا رنگ ڈال کر پوری محفل کو نہلا دیتے۔ کیا کرتے وہ لوگ بھی۔ اب دوار پر آئے ان باراتیوں کا سواگت بھی تو ضروری تھا۔ اسلئے جس سے جو بن پڑتا جیسا بن پڑتا وہ خاطر داری کرتا۔ اور پھر گجھیا تقسیم کر کے خوشیاں بانٹتا۔

ادھر آنگن سے کسی کی بھابی جھانکتی نظر آتیں اور دیور حضرات رنگ لے کر دوڑ پڑتے۔ کبھی کبھی تو یہ نکھٹو دیور تاکتے رہ جاتے اور بھابھیاں ہی ان کی نیکروں میں رنگ بھر دیتیں۔ پچکاری کا استعمال اس وقت بچے کرتے تھے۔ بڑے بوڑھے لوٹے سے رنگ ڈالتے اور محبت مزید جوش مارتی تو بالٹی ہی اٹھا کر نہلا دیتے۔ کچھ لڑکیاں تو ایسے بچتے پھرتیں جیسے انہیں رنگوں سے جنم جنم کا بیر ہے۔ لیکن اگلے ہی لمحے پتہ چلتا کہ کسی نے گھر میں گھس کر ان کا چہرہ لال کر دیا ہے۔

سنت رام دادا تو اس دن کنویں کی منڈیر پر ہی پڑے رہتے۔ بات یہ تھی کہ بھانگ بڑی قسمت سے راس آتی ہے اور وہ یہ موقع گنوانا نہیں چاہتے تھے۔ اسلئے اپنا کام تمام کر کے وہ آرام سے لیٹ جاتے اور دھوپ کی حرارت سے رنگ میں بھنگ ملایا کرتے۔ چھت پر سے یہ منظر کتنا دلکش ہوتا۔

"ارے بھائی جان ادھر دیکھو ادھر" (پیچھے سے کوئی چھوٹا بھائی چلا کر کہتا۔)

"بھئی جان باہر نہ جایو۔۔ سب چھیپ دے ہیں" (بغل سے کوئی بہن خیر خواہانہ انداز میں چیختی)۔

"اچھا وہ وہاں گئے ہیں۔۔۔ آنے دو ابھی خبر لیتی ہوں۔۔ اگر کپڑا خراب ہوا تب بتاؤں گی" (نیچے سے امی جان کی آواز آتی۔)

کچھ دیر بعد گانے بجانے والوں کا قافلہ ہمارے دوار آ پہنچتا۔۔ دوار پر ایک پلی بچھا دی جاتی اور سارے لوگ وہاں بیٹھ کر کچھ دیر گاتے بجاتے۔ دادا، ابو، چچا اور بھائی لوگوں سے ہاتھ ملا کر ہولی کی مبارکباد لیتے۔ گھر کی طرف سے بطور تحفہ انہیں کچھ پیش کیا جاتا۔ اور پھر وہ لوگ گاتے بجاتے آگے بڑھ جاتے۔

"رنگ برسے ہو بھیگے چنر والی، رنگ برسے"۔۔۔۔۔ 'ہولی ہے'

گانے بجانے والوں کا قافلہ ایسے ہی پورے گاؤں میں چکر لگاتا۔ گاؤں کی اکثریت مسلم ہونے کے

باوجود اس دن ہر گلی میں رنگ ہی رنگ بکھرا ہوتا۔ ہاں لیکن یہ کبھی نہیں سنا گیا کہ کسی کے اوپر زبردستی رنگ ڈال دیا گیا ہو۔ ہم مسلم بچے تو اکثر انہیں گانے بجانے والوں کے پیچھے پیچھے دوڑتے رہتے لیکن انہوں نے کبھی بھی ہمارے اوپر رنگ ڈالنے کی کوشش نہیں کی۔

ادھر دوپہر ہوتی کہ رنگ کھیلنے کا وقت ختم ہو جاتا۔ اب سب لوگ نہانے دھونے میں لگ جاتے۔ نئے نئے کپڑے پہن کر ہولی ملن کیلئے نکل پڑتے۔ کوئی اپنی بہن کے یہاں گجھیا کا تھیلا لئے جا رہا ہے۔ کوئی کسی مسلم دوست کے گھر مٹھائیاں بھیجوا رہا ہے۔

تھوڑی دیر بعد دادا جان گھوم پھر کر گھر آ جاتے۔ ان کے پاس گجھیوں کا ایک تھیلا ہوتا۔ پتہ چلتا کہ فلاں فلاں نے دیا ہے۔ ہم بچے ان گجھیوں کے بڑے شوقین تھے۔ دیکھتے ہی دوڑ پڑتے۔ خوب مزے سے کھاتے۔ اور ایک لمحے کو ایسا محسوس ہوتا جیسے یہ مٹھائیاں ہمارے ہی گھر بنی ہیں۔

ہولی کا یہی چہرہ تھا جو میں نے دیکھا۔ اسی ماحول میں میں نے ہولی کو پہچاننے کی کوشش کی۔ اور انہیں رسومات کے ساتھ ہولی آج بھی میرے ذہن کے پردوں پر رنگ ابھارتی ہے۔

لیکن تھوڑا ہوش سنبھالنے کے بعد میں نے دیکھا کہ گاؤں کے لوگ ہولیکا دہن سے بیزار ہونے لگے ہیں۔ اس کی کوئی وجہ سمجھ میں نہیں آئی۔ بہت غور کیا تو پتہ چلا کسی پنڈت صاحب کا اپدیش سننے کے بعد لوگوں میں شانتی کا بھاؤ پیدا ہو گیا ہے۔

شائد یہی وجہ تھی کہ رفتہ رفتہ اس محفل میں مسلم بچوں کی تعداد کم ہوتی گئی۔ مٹی کا وہ ٹیلہ جسے تھانہ کہتے تھے اور جہاں برسوں سے ہولیکا دہن ہوتا چلا آیا تھا، ادھر کچھ سالوں میں پکی اینٹوں کے ایک مندر میں تبدیل کر دیا گیا تھا۔ اور اس کے سامنے ہولیکا کے لئے جمع کی گئیں مٹھی بھر لکڑیاں گاؤں کا پورا قصہ بیان کر رہی تھیں۔

☆☆☆

The composite culture of Holi in India. by: Faizan-ul-Haq (Delhi)
TaemeerNews, Dated: 22-03-2019

مضمون: ۴

یہ محبتوں کے رویے یہ شفقتوں کی کہانیاں

حمنہ کبیر (بنارس)

کبھی کبھی سوچتی ہوں، والدین میری اتنی فکر نہ کرتے۔ سب سے چھوٹی ہوں، اسی لئے زیادہ فکر کرتے ہیں سبھی (ماشاءاللہ۔۔۔ الحمد اللہ)۔ ویسے سب کے والدین ہی اپنی اولاد کی فکر کرتے ہیں۔

آج بارش ہو رہی تھی، ٹھنڈی ہوا چل رہی تھی۔ مجھ سے لحاف میں دبکے رہا نہیں گیا۔ گھر والوں سے کہہ کر کہ ابھی آتی ہوں، ایئرفون لیا اور بالکنی میں آگئی۔ گانا ایپ پر ارجیت سنگھ کا گانا "خیریت پوچھو۔۔۔" لگایا اور سننے لگی۔ ذرا دیر بعد ابو جی میری "خیریت" پوچھنے آگئے۔

"اتنی ٹھنڈ ہے۔۔ ننگے سر ادھر ٹہل رہی ہو؟"

میں نے جلدی سے اسکارف کانوں پر لپیٹتے ہوئے جواب دیا: "ابو جی ابھی ہٹایا تھا اسکارف، بس آ رہی ہوں"

ابو نے تھوڑا ناراض ہو کر کہا: "کہاں لپیٹا تھا۔ ٹھنڈی ہوا میں یوں سر کھولا ہے۔ جاؤ کمرے میں"۔

ایک دفعہ آدھی رات گزرنے پر بھی نیند میری آنکھوں سے کوسوں دور تھی۔ فیس بک، وہاٹس ایپ پر کچھ وقت ضائع کیا، پھر بھی نیند نہیں آئی۔ چپکے سے اٹھی اور رات کی خاموشی کا لطف اٹھانے کمرے سے باہر نکل آئی۔ رات کی گہری خاموشی میں وقت گزارنا مجھے بہت پسند ہے۔ جب کچھ دیر بعد واپس آئی تو امی کو اپنا منتظر پایا۔ مجھے دیکھتے ہی انہوں نے کہاء

"میں سوچ رہی تھی میرا بچہ کہاں چلا گیا"

بے تحاشہ پیار آیا امی جان پر۔ ان کے گلے میں باہیں ڈال کر کہا:

"کہاں جائے گا آپ کا یہ بچہ آپ کو چھوڑ کر"

اللہ پاک سب کے والدین کو خیر و عافیت سے رکھے۔

اب سوچتی ہوں اگر گھر والے فکر نہ کرتے، میرے لئے ہلکان ہی نہ ہوتے تو کچھ ایسا حال ہوتا۔

سردی میں بالکنی میں ٹہلتے ہوئے دیکھ کر ابو جی کہتے:

"ٹھنڈی ہوا میں ادھر گھوم رہی ہو۔ کوئی بات نہیں۔۔ ٹہلو۔۔ میری بلا سے بھاڑ میں جاؤ"

یا میں ناراض ہو کر اگر کھانا کھانا چھوڑ دوں تو امی کہتیں۔۔

"اوہ منہ بنا ہوا ہے۔ کھانا نہیں کھانا ہے۔ او کے مت کھاؤ مرو بھوکی۔"

یہ الگ بات ہے کہ ناراضگی میں گھر والوں سے چھپ کر کھا لیتی تھی۔ والدین سمیت بھائی بہن کھانے کے لئے منا منا کر تھک جاتے تھے۔ سامنے بیٹھ کر کھاتے تھے اور مجھے چڑھانے کے لئے کہتے تھے۔

"اوہ۔۔ حمنہ تو آج روزہ ہے۔ واہ امی کتنا لذیذ بنایا ہے۔"

"یہ ہم نے بنایا نوالہ اور یہ گیا ہمارے منہ میں"

جی تو بہت چاہتا تھا کہ جلدی سے کوئی میرے منہ میں بھی نوالہ ٹھونس دے۔ لیکن۔۔۔۔۔ بعد میں عقل آئی کہ غصہ میں کھانا نہیں کھانا سراسر بیوقوفی تھی۔ غصہ کی حالت میں تو ڈٹ کر کھانا چاہئے تاکہ انرجی باقی رہے۔

بچپن میں جب کزنز چھپا چھپی یا پولس چور کا کھیل کھیلا کرتے تھے تب میں اکثر چھپنے اور پولس سے بچنے کے لئے دائیں بائیں دیکھے بغیر منہ اٹھائے سیدھا دادا جان کے کمرے کا رخ کرتی تھی۔ دادا جان ہم لوگوں پر جان چھڑکتے تھے۔ کھیل میں اکثر شامل ہو جایا کرتے تھے۔ مجھے اشارے سے بتاتے تھے یہاں چھپ جاؤ۔ کمبل سے مجھے اچھی طرح ڈھانپ بھی دیا کرتے تھے تاکہ نظر نا آسکوں۔ اور چور کو ڈھونڈتے ہوئے پولس جب دادا جان کے کمرے میں داخل ہو جاتا تھا تو اشارے سے اسے بتا دیتے تھے کہ میں کہاں چھپی ہوئی ہوں۔ میں دیکھ لیتی تھی تو منہ بنا کر کہتی تھی،

"یہ کیا دادا جان۔ آپ نے بتا دیا؟"

تب ان کے ہونٹوں پر بڑی گہری مسکان آ جاتی تھی۔ دادا جان اس وقت میرے سوال کا جواب نہیں دیتے تھے۔ لیکن ان کی مسکراہٹ مجھ سے کہتی تھی اس لئے کہ انہیں تو اپنے "پولس" سے بھی پیار تھا اور اپنے "چور" سے بھی بے انتہا محبت تھی۔

اب سوچتی ہوں دادا جان کیوں اس قدر محبت کرتے تھے، کیوں نہیں جھڑک دیتے تھے یہ کہہ کر کہ:

"جاؤ دفع ہو جاؤ۔۔۔ میرے سر پر کیوں شور مچا رہے ہو۔"

ایسی ہی محبتوں اور شفقتوں سے لبریز میری دادی جان بھی تھیں۔ ان کے پاس میں جب بھی سوتی تو وہ اپنے نرم گداز ہاتھوں سے مجھے سہلایا کرتی تھیں۔ آج بھی جب ان کا خیال کر کے آنکھیں بند کروں تو ان کے ہاتھوں کا محبت بھرا لمس محسوس ہونے لگتا ہے۔ سردیوں میں لحاف اوڑھے جب مجھے کچھ گرمی لگتی تو لحاف سے باہر پاؤں نکال لیتی تھی۔ لیکن جب بھی آنکھیں کھلتیں اپنے پاؤں لحاف کے اندر ہی پاتی تھی۔ ایسا کئی دفعہ ہوتا تھا۔ میں بے چینی سے لحاف ہٹاتی مگر تھوڑی ہی دیر بعد دادی جان مجھے لحاف میں دوبارہ چھپا دیتی تھیں۔ صبح اٹھتی تو ان کا ہاتھ تھام کر کہتی تھی:

"آپ سوئی نہیں ساری رات مجھے لحاف میں چھپاتی رہیں جب کہ مجھے گرمی لگتی ہے تو ہٹا لیتی ہوں۔"

ہنستے ہوئے وہ کہتی تھیں: "میں نے سوچا کہیں ٹھنڈ نہ لگ جائے۔"

ان کی مسکان میں کبھی بھول نہیں پائی۔

کچھ ایسا ہی میری بڑی پھوپھی بھی کرتی ہیں۔ دادی جان کی ہی طرح محبت اور فکر کرنے والی۔ ان کے پاس کبھی سوتی ہوں اور اگر رات میں لحاف ہٹا دیتی ہوں تو صبح خود کو لحاف میں ہی پاتی ہوں۔ لیکن اب میں اس جادو کا راز جان چکی ہوں۔ جان کر بھی انجان بنی رہتی ہوں۔ جی چاہتا ہے بار بار لحاف ہٹاؤں اور بار بار مجھے پھوپھی لحاف میں چھپائیں اور میں لحاف کے اندر آنکھیں بند کئے اس محبت سے محظوظ ہوتی رہوں۔

اب سوچتی ہوں کیوں دادی اور پھوپھی جان ہم سب کے لئے خود کو اتنا پریشان کر لیتی تھیں۔

بچپن میں بڑے چچا جب کھانا کھاتے تھے ہم سب ان کے پاس پہنچ جاتے تھے۔ "مجھے بھی کھلایئے"
"مجھے بھی کھانا ہے"
ہم جتنی دفعہ کھانے کے لئے منھ کھولتے تھے اتنی ہی دفعہ چچا بخوشی ہمارے منھ میں نوالہ ڈالتے جاتے تھے۔ بلکہ میری باری پر کسی اور کو کھلا کر تنگ بھی کیا کرتے تھے۔ لیکن پیشانی پر ذرا بھی شکن نہیں ہوتی تھی اور نہ ہی کبھی ایسا کہا کہ: "جاؤ بابا تم لوگ خود سے کھاؤ، مجھے چین سے کھانے دو، کیوں ہر کھانے پر آجاتے ہو تنگ کرنے۔"
اب سوچتی ہوں کیوں ہر فرمائش پر چھوٹے چچا اسے پورا کرنے کے لئے بھاگ دوڑ شروع کر دیتے تھے۔ یہ کیوں نہیں کہتے تھے کہ:
" موقع نہیں ہے، جی نہیں چاہتا کہیں جانے کا"
اور کبھی ایسی سوچیں ذہن میں چلی آتی ہیں کہ کیوں چھوٹی پھوپھی اور خالہ کے گھر ہمارے چلے جانے پر وہ خود کو ہلکان کرتی ہیں۔ کیوں نہیں اپنے آرام کا سوچتیں کہ جو کھانا بنا ہوا ہے وہی مجھے بھی کھلا دیں۔ کیوں خود کو پریشان کر کے طرح طرح کے پکوان بناتی ہیں اور مجھے کھلاتی ہیں۔
مولا کریم نے ان خوبصورت رشتوں کو مٹی سے بنایا ہے یا محبت اور شفقت سے بھرے جذبات سے؟ اتنا پیار کہ جس کی حد نہیں، جس کا کبھی زوال نہیں۔ اب وہی محبت اور فکر اپنے بھائیوں اور بہنوں میں پاتی ہوں۔ اور یقیناً اس وقت تو بہت خوشی ہوتی ہے جب کہیں نا کہیں خود میں بھی کچھ ایسی ہی محبت اور فکر کے اثرات ملتے ہیں۔

☆☆☆

Yeh mohabbaton ke rawayye. by: Hamna Kabir (Varanasi)
TaemeerNews, Dated: 28-01-2022

مضمون: ۵

کہانیاں رہیں نہ کردار- یہ عجب دورِ خود فراموشی ہے

شاہد لطیف (ممبئی)

"کسی زمانے میں ایک بادشاہ تھا"۔۔

"کسی ملک میں ایک بڑھیا رہتی تھی"۔۔۔

"کسی جنگل میں ایک لومڑی تھی جس کی چالاکی دور دور تک مشہور تھی"۔۔۔

"پرانے زمانے میں ایک چغل خور وزیر تھا"۔۔۔

وغیرہ۔۔۔

زمانۂ قدیم سے لے کر چند دہائی پہلے تک، گھروں کے بچے ایسی کہانیاں سنتے سنتے ہی نیند کی آغوش میں پہنچتے اور پھر دوسرے دن موقع پا کر دریافت کرتے تھے کہ:

"پھر بادشاہ کا، اس لومڑی کا، اس وزیر کا اور اس بڑھیا کا، کیا انجام ہوا؟"

حقیقت یہ ہے کہ کہانیاں بچوں کے ذہنوں پر گہرا اثر ڈالتی تھیں۔ اسی لئے کہانیاں لکھی گئیں، کہانیاں پڑھی گئیں، کہانیاں سنائی گئیں۔ اسی لئے کہانیاں لکھی گئیں، کہانیاں پڑھی گئیں، کہانیاں سنائی گئیں۔ کہانیوں نے سینہ بہ سینہ سفر کیا، کہانیاں زیور طباعت سے آراستہ ہوئیں، کہانیاں فلم کے قالب میں ڈھلیں اور کہانیاں مختلف کرداروں کے ذریعہ اسٹیج پر بیان کی گئیں۔ کہانیوں کی غیر معمولی طاقت سے انکار ممکن نہیں۔ یہ حقیقت پر مبنی نہیں ہوتیں مگر حقیقت سے عاری بھی نہیں ہوتیں۔ ان سے ذہنوں پر مرتب ہونے والے اثرات کا اندازہ نہیں لگایا جا سکتا۔

کہانیوں ہی نے کتنوں کو بہادر بنایا، کتنوں کو ایمانداری سکھائی، کتنوں میں عدل و انصاف کا مادہ پیدا کیا،

کتنوں کی قوت تخیل میں اضافہ کیا اور کتنوں س کی شخصیت میں وہ اوصاف پیدا کئے کہ جن کا ایک زمانہ معترف ہوا مسئلہ یہ ہے کہ ہم لوگ دنیاداری میں مبتلا ہونے کے بعد کہانیوں اور ان کی طاقت کو بھول گئے ہیں۔ 'ساس بہو' میں الجھ گئے۔ بہت کم لوگ ہوں گے جنہیں وہ کسان یاد ہو گا جس کے سات بیٹے تھے اور آپس میں لڑتے جھگڑتے رہتے تھے اور جنہیں کسان نے ایک ایک لکڑی لانے کے لئے کہا تھا۔ اتحاد کی ضرورت کل سے زیادہ آج ہے مگر وہ کہانی جو اتحاد کا سبق دیتی تھی بھلا دی گئی۔ یاد رہتی تو ممکن تھا کہ اتحاد عنقانہ ہو جاتا۔ میں اسٹریم میں رہنے کی ضرورت برسوں کے تغافل کے بعد آج محسوس کی جارہی ہے کیونکہ لوگ باگ وہ کہانی بھول گئے جس میں مرغی کے بچے ساتھ ساتھ رہتے تھے سوائے ایک بچے کے۔ اسے چیل اٹھا کرلے گئی تھی۔ ہمیں تو وہ دفینے بھی یاد نہیں جنمیں سیکڑوں اشرفیاں ہوتی تھیں۔ ایک کہانی میں بتایا گیا تھا کہ اس کی تلاش میں بہتوں نے اپنا وقت گنوایا مگر وہ اس فقیر کے ہاتھ لگا جس نے کبھی ایک اشرفی کی بھی تمنا نہیں کی تھی۔

آپ سوچ رہے ہوں گے میں آج یہ کون سا موضوع لے کر بیٹھ گیا۔ آپ ٹھیک سوچ رہے ہیں، اس لئے کہ ہماری آپ کی زندگیوں میں کہانیوں کی جگہ نہیں رہ گئی ہے۔ نہ کہانیاں پڑھی جاتی ہیں نہ سنی جاتی ہیں، نہ ان سے استفادہ کیا جاتا ہے جب کہ بچپن میں سنی اور پڑھی جانے والی کہانیوں نے لوگوں کی زندگیاں بدلی ہیں اور انہیں مقصد حیات عطا کیا ہے۔ جو لوگ یہ سمجھتے ہیں کہ کہانیاں وقت گزاری کا ذریعہ تھیں یا بچوں کو سلانے کی کوشش میں سنائی جاتی تھیں، وہ غلط نہیں مگر مشہور شخصیات کی سوانح پڑھ لیجئے، درجنوں مثالیں مل جائیں گی کہ ان پر بچپن کی کسی کہانی کا اثر سب سے زیادہ رہا۔

اور بچوں کی قوت متخیلہ کو کیوں فراموش کیا جائے۔ ایک سندباد جہازی کا کردار، کہانی سننے والے ہر بچے کے ذہن میں مختلف ہوتا تھا۔ ایک الہ دین کا کردار، ہر بچے کو مختلف انداز میں متاثر کرتا تھا۔ آیئے، اسے ایک مثال کے ذریعہ سمجھیں۔ دو ایسے طالب علموں کو بلایئے جو ڈرائنگ میں اچھے ہوں۔ ان سے کہئے کہ وہ علی بابا کی تصویر بنائیں۔ آپ دیکھیں گے کہ دونوں کی بنائی ہوئی تصویریں ایک دوسرے سے الگ ہی نہیں، بہت الگ ہیں۔ اب لوٹ کر آج کے ٹی وی زدہ دور میں آیئے اور

محسوس کیجئے کہ ایک ٹی وی سیریل علی بابا کا کردار ایک اداکار کے ذریعہ پیش کر رہا ہے۔ اب انہی دو طالب علموں سے کہئے علی بابا کی تصویر بنانے کے لئے۔ وہ دونوں ایک جیسی تصویر پیش کریں گے۔ یہی ہو گا نا؟

اخلاقی اور تہذیبی قدروں کے علاوہ یہ بھی ایک نقصان ہے جسے محسوس کیا جانا چاہئے۔ آج کے دور میں اگر کہانیاں بچوں تک پہنچتی بھی ہیں تو وہ کردار بن کر پہنچتی ہیں، بچوں کو سوچنے سمجھنے اور غور کرنے کا موقع نہیں دیتیں چنانچہ اس سے پہلے کہ بچے، اپنے تصور اور تخیل کے مطابق کسی کردار کو ڈھالیں ان کے سامنے وہ کردار موجود ہوتا ہے۔ یہی وجہ ہے کہ موجودہ دور کی سب سے مقبول کہانی جو اپنے مرکزی کردار کے حوالے سے پوری دنیا میں مشہور ہے، وہ ہیری پوٹر سیریز ہے۔ ملاحظہ کیجئے تصور و تخیل کا یہ نقصان کہ لاکھوں نہیں کروڑوں بچوں کے ذہن میں ہیری پوٹر کی ایک ہی تصویر ہے جبکہ کل تک ہزار بچوں کے ہزار ذہنوں میں ایک الگ سندباد جہازی ہوتا تھا۔

تو صاحبو! کہانیوں کی اپنی اہمیت ہے جس سے چشم پوشی نہیں کی جا سکتی۔ آج کل، شہر شہر، قریہ قریہ، یہ جو ماحول ہے کہ چوری، ڈکیتی، قتل غارتگری، عصمت دری اور ایسے ہی دیگر جرائم عام ہیں تو اس کی اہم وجہ یہ ہے کہ بچپن میں جو ذہن بنتا ہے وہ بن نہیں پا رہا ہے۔ اس لئے نہیں بن پا رہا ہے کہ مذہب سے دوری ماحول میں رچ بس گئی ہے اور بچوں میں ایک عظیم کردار کی داغ بیل ڈالنے والی کہانیوں کو ہم نے خیر باد کہہ دیا ہے جن میں نصیحت ہوتی تھی، سبق ہوتا تھا، عبرت ہوتی تھی، اس طرح یہ کہانیاں اپنے جلو میں بہت طاقتور اصلاحی پہلو لئے ہوئے ہوتی تھیں۔ اب آپ ان تمام جرائم کا عادی ہو جانے کے باوجود ان سے خوفزدہ بھی ہیں اور ان سے جیسے تیسے لڑ بھی رہے ہیں مگر گھر کا ماحول اور درس گاہوں کا ماحول ٹھیک کرنے کی فکر کسی کو نہیں ہے۔ بیرونی ملکوں میں "اسٹوری ٹیلنگ سیشن" ہوتے ہیں، ہم چاہیں تو قصے کہانیاں سننے سنانے کے اپنے دیسی اسٹائل کو دوبارہ زندگی عطا کر سکتے ہیں۔ دادی اماں کا جیتا جاگتا کردار ایک بار پھر گھروں کے ماحول کو جگمگا سکتا ہے بشرطیکہ اس کی فکر کی جائے۔

کسی ہفتے ایک اور کالم میں لکھا جا چکا ہے کہ اکثر گھروں میں بڑوں کو شکایت ہے کہ بچے سنتے نہیں ہیں۔ شکایت بجا ہے مگر اس کی وجہ پر کبھی غور کیا گیا؟ وجہ یہ ہے کہ پہلے بچے، بڑوں سے سیکھتے تھے، اب بڑے بچوں سے سیکھنے لگے ہیں کہ بیٹا دیکھو میسیج نہیں آ رہا ہے، دیکھو ریموٹ نہیں چل رہا ہے، دیکھو اتنا سلو ڈاؤن لوڈ ہو رہا ہے؟ وغیرہ۔

حقیقت یہ ہے کہ ہم اپنا بڑپن کھوتے جا رہے ہیں اور اس کا نتیجہ ہے کہ ہم کیا سناتے، وہ ہمیں کہانی سنانے لگے ہیں!

☆☆☆

No stories these days. by: Shahid Lateef
TaemeerNews, Dated: 23-01-2019

مضمون: ۶

سالگرہ کی رِیت

عابدہ رحمانی

تم جیو ہزاروں سال، عمر خضر پاؤ، جگ جگ جیو، تم جیو ہزار برس۔ ہر برس کے دن ہوں ہزار ہزار۔ یہ اور اس جیسے کتنے ہی فقرے ادا کرتے ہوئے ہم لوگ اپنے پیاروں کو جھوٹی دعائیں اور خود کو طفل تسلیاں دیتے رہتے ہیں یہ تو ہماری اردو یا دیسی زبان کی نیک خواہشات یا دعائیں ہیں۔ لیکن اب تو ہم ہیپی برتھ ڈے مناتے ہیں۔ اور یہ ہیپی برتھ ڈے ان ہیپی لوگوں کو بھی ہیپی بنا دیتا ہے

جب یہ صدائیں یا پیغامات آنے لگتی ہیں تو کس ظالم کو خوشی نہیں ہوتی؟

Happy Birthday to you

فیس بک کے سماجی رابطوں نے نئی نئی قدروں سے آشنا کیا ہے اس پر یوم پیدائش ڈالدو تو سمجھو بس کام بن گیا۔ دیکھے ان دیکھے دوستوں، عزیزوں رشتہ داروں کی طرف سے ایک سے ایک لپکتے چہکتے پیغامات آپ کے اس دن میں خوشیوں کا رنگ بھر دیتے ہیں۔

آپ کے کیا یار دوست تو اب پورے خاندان کی برتھ ڈے فیس بک پر مناتے ہیں۔۔ آج اماں، تو کل ابا، بیٹا بیٹی، شوہر خوشحال گھرانوں کی خوشیاں بھی نرالی ہوتی ہیں۔۔

ابھی چند روز پہلے میری سالگرہ منائی گئی۔ جب سے ہم فیس بکئے بنے ہیں تو اسکی عنایت سے ہر طرف سے ہمارے دوستوں اور عزیزوں کے مبارکبادی کے پیغامات آنے شروع ہوتے ہیں۔ ایک سے ایک کارڈ، گلدستے کیک اسکے اوپر بھیجے جاتے ہیں ۔ خوشیاں بانٹنے کے کیا آسان ذرائع میسر آگئے۔ ہینگ لگے نہ پھٹکڑی۔ اور رنگ بھی چوکھا آئے

اس عالم الغیب نے ہمیں انجانے رشتوں اور خوشیوں میں جکڑ رکھا ہے۔ اور کچھ ہو نہ ہو اپنی اہمیت کا احساس ہونے لگتا ہے کہ ابھی بھی ہم ایسے گئے گزرے نہیں اور ہمارے کچھ چاہنے والے اللہ کے فضل سے موجود ہیں۔

اور اس دن جب گھر میں فون کی گھنٹی بجی تو میں نے قریب رکھا ہوا فون اٹھا تو لیا لیکن خاموشی سے دوسرے کنکشن کی گفتگو سننے لگی اسپر میرے گھر کی دو خواتین محو گفتگو تھیں۔ ذکر میرا ہی تھا" اچھا آج ۱۲ تاریخ ہے نا، باجی کو بتانا مت، ٹیبل لگا دو میں پھول اور کیک لے کر آ رہی ہوں۔ میں سوتی بنی رہی کہ اطلاع ملی آپ سے ملنے کوئی آیا ہے اور یوں ہر طرف سے ہیپی برتھ ڈے کی صدائیں آئیں۔ ایسے ملک میں جہاں حیران کر دینا سر پرائز دینا خوشیوں میں اضافہ کرنا ہے۔ جہاں جانتے بوجھتے بیوقوف یا سرپرائزڈ ہونے میں لطف آتا ہے۔

یہ چاہت اور محبت تو ہم غریبوں کے لئے آب حیات کی حیثیت رکھتی ہے۔

ایک مکتبہ فکر کا اعتراض ہے کہ یہ سالگرہ یا برتھ ڈے منانا انگریزوں، مغرب یا کفار کی اندھی تقلید ہے اور یہ ایک غیر اسلامی فعل ہے۔ انگریزوں نے کچھ رسومات کو ہماری ثقافت کا اٹوٹ حصہ بنا دیا۔ اور یہ ہیپی برتھڈے یا سالگرہ انمیں سے ایک ہے۔ اگر خوشیاں معصوم سی ہوں نہ اسمیں فحاشی ہو نہ بے حیائی تو ایک دوسرے کا دل رکھنے میں اور تھوڑی خوشیاں دینے اور بانٹنے میں کیا ہرج ہے۔ کیک کاٹنا اور موم بتی جلانا ہمارے ایمان میں کسطرح سے مخل ہو سکتا ہے۔۔

ماہ و سال تو کائینات کا حصہ ہیں اللہ تبارک و تعالی نے ۱۲ مہینوں اور سال کا حساب ہمارے لئے طے کیا۔ کوئی کہتا ہے کہ سالگرہ پر خوشی کیا منانی، ارے عمر کا ایک سال گھٹ گیا ہے۔ اب اس سال کو تو گھٹنا ہی تھا کیا کوئی وقت کے اس سر شور بہتے ہوئے دھارے کو کہاں اور کیسے روک سکتا ہے۔ وقت تو گزرتا ہی جاتا ہے چاہے رو کر گزارو، چاہے ہنس کر گزارو سالگرہ مناؤ یا نہ مناؤ سال تو گزر ہی جائیگا۔ اسکو تو بہر حال گزرنا ہی ہے۔۔ محمود غزنوی نے اپنے غلام سبکتگین کو اپنی انگوٹھی پر کچھ لکھنے کو کہا اور وہ لکھ لائے " یہ وقت بھی گزر ہی جائے گا"

لیکن اب اس یوم پیدائش کے ساتھ پیاروں کی اتنی توقعات وابستہ ہوگئی ہیں کہ اکثر کو یہ شکوہ ہوتا ہے کہ ہم کو تو برتھ ڈے پروش ہی نہیں کیا۔ اگر اپنی یادداشت پر بھروسہ کیا جائے تو بمشکل کچھ تاریخیں یاد رہ پاتی ہیں اب یا تو لکھ کر رکھ لو یا پھر اس کمپیوٹر پر یاد دہانی کے طور پر کیلنڈر میں ڈالدو۔ یوم پیدایش کی سالگرہ، شادی کی سالگرہ اور منانے والے تو کس کس چیز کی سالگرہ مناتے ہیں ایک زمانہ تھا کہ ہم نے بھی کچھ خوشیوں کی ہفتہ وار، ماہوار، سہ ماہی، ششماہی منائی۔۔ وقت جو کہ گزر ہی جاتا ہے اور خوشیاں تو ہوا کی طرح اڑ جاتی ہیں۔

جو زندہ ہیں انکی سالگرہیں تو پھر بھی درست ہیں لیکن جو دنیا سے جاچکے ہیں انکی سالگرہوں کی دھوم بھی کم نہیں ہے۔ کرسمس میں عیسائی عقیدے کے مطابق عیسیٰ علیہ السلام کی سالگرہ دنیا بھر میں منائی جاتی ہے اسکی دیکھا دیکھی ہمارے مسلمانوں نے بھی عید میلاد النبی منانا شروع کیا۔ اسی طرح دوسرے مذاہب میں انکے پیشواؤں کے یوم پیدایش منائے جاتے ہیں۔ مشہور شخصیات کی سالگرہوں کو اسی طرح منایا جاتا ہے صد سالہ، دو صد سالہ اور اسی طرح سے جانے والوں کی سال گرہوں کا کیا حساب دنیا سے جانے کے بعد بھی جاری رہتا ہے؟ لا محالہ اپنے جگر گوشوں اور پیاروں کا دنیا سے آنے جانے کا دن بھلائے نہیں بھولتا، چاہے مناؤ یا نہ مناؤ۔ اسدن کی شدت اور دکھ اللہ دشمن کو بھی یہ دن نہ دکھائے۔

ہنوستان پاکستان یا برصغیر میں سالگرہ کی کیا ریت ہوتی تھی کہتے ہیں کہ ایک ریشمی ڈوری پر ہر سال ایک گرہ لگالی جاتی کوئی کہتا ہے کہ قد ناپ کر اور کہیں تذکرہ ہے کہ لڑکوں کا سینہ ناپ کر گرہ لگالی جاتی تھی۔ اس معاشرے میں تو لڑکے کی اہمیت کو کوئی نہیں جھٹلا سکتا۔ اور لڑکی کا کیا تھا اسکا پیدا ہونا نہ ہونا برابر تھا۔ پیدائش کا کیا ہے، برصغیر میں تو پہلے کیا خوب طریقہ تھا۔ اکثریت کو تو صحیح سے معلوم ہی نہ تھا کہ انکی پیدایش کب کی ہے؟

اکثر لوگوں نے ایسے جوڑا تھا۔ ارے وہ فلانے کی جب شادی تھی تو یہ ایک سال کا تھا اور جب فلاں چچا حج کرکے آئے تھے تو یہ چھ مہینے کی تھی یا فلاں سال رمضان جب گرمیوں میں آئے

تھے یا عید تھی تو۔۔۔ اور ہاں اسلامی برس وہ تو ہر برس انگریزی کیلنڈر سے دس روز کم ہوتا ہے اس کے حساب سے تو ۶۰ برس میں تقریبا دو برس کا مزید اضافہ ہوتا ہے۔ اسلئے کچھ عقلمند اسلامی تاریخ کی اگر کوئی خاصیت ہے خاصکر رمضان اور عید وغیرہ تو یاد رکھینگے۔ سالوں کا حساب کتاب انگریزی کیلنڈر سے ہوتا ہے۔ مارے اسلامی جذبے کے بچوں کے مزے ہو جاتے ہیں کہ دو دو سالگرہ منائی جارہی ہے۔

کچھ عقلمند تاریخ پیدائش کو بطور خاص اپنی ڈائری یا روزنامچے میں درج کرتے تھے اب میری پیدائش والدین کی شادی کے گیارہ برس بعد ہوئی شاید یہ وجہ تھی یا میرے والد محترم کافی منظم اور پڑھے لکھے آدمی تھے تو انہوں نے اس کا خصوصی اندراج اپنی ڈائری میں کیا تھا کہ آج میں صاحب اولاد ہو گیا ہوں۔ دلچسپ بات یہ ہے کہ پیدائش کا سرٹیفکیٹ ابھی چند سال پہلے کینیڈا اور امریکی شہریت کے تقاضوں کو پورا کرتے ہوئے بنایا گیا۔

ایک عام طریقہ تھا کہ کافی نیک اور پارسا قسم کے لوگ بھی اسکول میں داخلے کا اندراج کرتے ہوئے عموماً عمر گھٹا کر درج کرتے تھے۔ ایک بزرگوار سے گفتگو ہو رہی تھی انہوں نے بڑے فخر سے بتایا کہ اپنے بچوں کے داخلے کے وقت انہوں نے کم از کم سال دو سال بھر کم عمر لکھوائی تھی ۔ میں نے پوچھا کہ اس کی کوئی خاص وجہ؟ کہنے لگے اکثر ملازمتوں میں عمر کی حد ہوتی ہے۔ حالانکہ انکی اولاد میں کوئی بھی سرکاری ملازمت میں نہیں گیا۔ لڑکیوں کی عمر کا اندراج تو خاص طور سے گھٹا کر کیا جاتا ہے۔ ویسے تو عام مقولہ ہے کہ خواتین کی عمر اور مرد کی تنخواہ نہیں پوچھی جاتی لیکن غیر شادی شدہ خواتین کی عمر ۲۵ برس سے بڑھ ہی نہیں پاتی۔

ایک عزیزہ کی سالگرہ کا کچھ اندازہ نہیں تھا آسانی کیلئے سال کا پہلا دن مقرر ہوا، ایک اور عزیز کی دو بیٹیاں اسکول میں داخلے کے لئے گئیں دونوں اوپر تلے کی تھیں لیکن جو عمر درج کروائی گئی تھی بمشکل ۶، ۷ مہینے کا فرق تھا پرنسپل کے مشورے پر اور تحقیق پر وقفہ سوا سال کا کیا گیا اور ایک کی سالگرہ ۱۴ اگست مقرر ہوئی۔ اب ڈھیر سارے بچوں میں کون یاد رکھتا کہ کون کب پیدا ہوا تھا

۔پاکستان میں اکثر اسکول والے بھی غلط اندراج کر دیتے ہیں اصل عمر ایک اور اسکول کے اندراجات میں دوسری ایک اور درد سری۔۔اصلی عمر ایک اور سرکاری دوسری اب تو اسکولوں اور دفتروں میں بھی سالگرہیں منائی جاتی ہیں۔ اب اللہ بھلا کرے کہ پیدائش کی سرٹیفکیٹ کی پابندی ہو گئی ہے۔

جن ممالک میں اب ہوں وہاں ۶۵ ویں سالگرہ کی بہت اہمیت ہے یہ سال پورے ہوئے تو ہم معمر شہری کہلائے اور یہاں کی بہت ساری سہولتوں اور رعایتوں کے اہل ہوئے۔خوبی کی بات یہ ہے کہ جہاں معمر لوگوں کی آبادی جوانوں سے بڑھ گئی ہے انکو معاشرے پر بوجھ نہیں سمجھا جاتا بلکہ معمر شہریوں کی عزت اور توقیر میں مذید اضافہ ہو جاتا ہے یار لوگ اسی انتظار میں ہوتے ہیں کہ ریٹائر ہوئے تو عیش ہی عیش ہیں اگر ذہنی اور دماغی طور پر تندرست ہوں۔۔اسلئے ۶۵ ویں سالگرہ کی بہت دھوم ہوتی ہے۔بھارت میں ساٹھا پاٹھا، اگر جوڑی سلامت ہے تو از سر نو پوری شادی کی رسومات انجام پاتی ہیں اور یہ مرد کا ساٹھ سالہ جشن پیدائش منایا جاتا ہے۔

مغربی ممالک میں سویٹ سکسٹین اب تو تمام دنیا میں مقبول عام ہے جو عام طور سے بچیوں کا منایا جاتا ہے۔ مغربی دنیا میں تو اسپر بہت کچھ ہوتا ہے لیکن مشرقی دنیا بھی کیوں پیچھے رہے۔۔اور پھر اٹھارویں سالگرہ جھاں مغربی دنیا میں خود مختاری مل جاتی ہے بچہ جوان ہو چکا ہوتا ہے۔ یہ عمل تو بہت پہلے انجام پا چکا ہوتا ہے لیکن اب سرکاری طور پر کوئی اسکے معاملات میں مداخلت نہیں کر سکتا۔وہ جس طرح چاہے اپنی زندگی گزارے کوئی روک ٹوک نہیں کوئی پابندی نہیں۔ کتنی بغیر شادی کی وداعیاں ہو جاتی ہیں۔ہاں اگر کوئی والدین کے ساتھ رہنے میں خوش ہے تو واہ واہ کیا کہنے۔ اکثر والدیں انسے کرایہ اور اخراجات بھی طلب کرتے ہیں۔ بھائی صاحب ایک گھر خریدا ؟مالکن نے کہا میرا بیٹا ٹئیڈ بیسمنٹ میں رہتا تھا اچھا کرایہ دار ہے اگر تم بھی رکھنا چاہو۔

اپنا تو اب یوں لگتا ہے کہ بیشتر سالگرہیں گزر چکی ہیں اور اب چند ہی باقی ہیں اور ان گزرتے ہوئے لمحوں میں یہ خیال آتا ہے اور خواہش ہوتی ہے کہ کچھ تو ان گزرتے ہوئے ماہ و سال کا ما

حاصل ہو۔

یوں لگتا ہے کہ:

ختم ہوا عمروں کا زر
باقی لمحوں کی ریزگاری ہے

☆☆☆

The tradition of birthday celebration. by: Abida Rahmani
TaemeerNews, Dated: 4-02-2015

مضمون: ۷

بڑی بی - بوا - بابا - جیسے بااعتماد وباوفا کردار کہاں کھو گئے

بدر تصدق

پرانے دور میں ہر گھر میں کوئی مرد یا عورت ملازم کے طور پر کام کرتے تھے مگر ان کا درجہ ملازم کا نہیں بلکہ اس گھر کے فرد جیسا ہوتا تھا۔ بزرگ اور پرانے ملازموں کی وفاداری اور ان کا خلوص قابل دید ہوتا تھا۔ والدین جتنی تربیت اپنے بچوں کو دیتے تھے، اسی طرح ان ملازموں پر بھی ان بچوں کی اتنی ہی ذمہ داری ہوتی تھی۔ اس کی ایک وجہ تو ان کا خلوص تھا دوسرے والدین بھی ان پر اتنا ہی اعتماد کرتے تھے جتنا گھر کے کسی فرد پر کرتے تھے۔ بچوں کی دیکھ بھال کے علاوہ بھی اگر وہ بچوں کی تربیت کے لئے کوئی بات کہہ دیتے تو والدین اس کا ہرگز برا نہیں مناتے تھے۔ اس وقت ان ملازموں کو "بی جی، بوا جی، اماں بی، بڑی بی یا بابا" کہا جاتا تھا۔ انہیں اس گھر کے ایک معزز رکن کی حیثیت حاصل ہوتی تھی۔ انہیں قابل بھروسہ سمجھا جاتا، ان سے مشورے لئے جاتے اور ان پر عمل بھی کیا جاتا تھا۔ یہ ملازمین بچوں کے کھانے پینے سے لے کر ان کے آرام، ان کے مشاغل پر نظر رکھتے اور ڈانٹ ڈپٹ بھی کرتے تھے کیونکہ انہیں اس کا حقدار سمجھا جاتا تھا۔ اگر وہ بچوں کو ڈانٹنے کا حق استعمال کرتے تو والدین کی تیوری پر کوئی بل نہیں آتا تھا بلکہ وہ ان کے اس "تربیتی انداز" کو سراہتے۔

بچے اپنے والدین سے اگر ان بزرگ ملازمین کی کوئی شکایت کرتے تو وہ ان کی سرزنش نہیں کرتے تھے بلکہ وہ بچوں کو ہی سمجھاتے تھے کہ وہ بڑے ہیں، انہوں نے آپ کو جو کچھ کہا وہ اچھائی کے لئے کہا ہے۔ انہیں اس کا حق ہے۔ ہم نے اپنے بچپن میں ایسے ہی ماحول میں پرورش پائی۔ والدہ کی گود تو

مجھ سے بچپن ہی میں چھن گئی تھی۔ ان کے جانے کے بعد جس ہستی نے میری پرورش کی ذمہ داریاں بحسن وخوبی نبھائیں انہیں گھر والے "بڑی بی" کہا کرتے تھے۔ وہ گھر کی بزرگ تھیں اور میرا بے حد خیال رکھا کرتی تھیں۔ انہوں نے ماں کے بعد مجھے بالکل ماں جیسا پیار دیا۔ ان کی اس محبت کا کوئی جواب نہیں، کوئی مول نہیں، کوئی مثال نہیں۔ بری باتوں پر ٹوکنا، روکنا، اچھی باتیں بتانا، کھانے کے آداب سکھانا، بڑوں کے ادب واحترام سے آگاہ کرنا اور زندگی کا سلیقہ سکھانا ان کا وتیرہ تھا۔ وہ لوگ باقاعدہ پڑھے لکھے نہیں ہوتے تھے مگر نہ جانے ان میں یہ رکھ رکھاؤ، ادب و آداب اور اخلاقی قدروں کی پاسداری کہاں سے اور کیسے آگئی تھی۔ یہی نہیں بلکہ وہ پیار و محبت سے ان باتوں پر عمل بھی کروالیا کرتی تھیں۔

انہوں نے ساری عمر ہمارے گھر میں گزاری۔ ان کے اپنے بچے بھی تھے۔ وہ "بڑی بی" سے گھر آکر مل جاتے تھے۔ وہ ہمیں تنہا نہیں چھوڑتی تھیں کیونکہ امی سے انہوں نے وعدہ کیا تھا۔ انہوں نے امی جان کے اس دنیا سے چلے جانے کے بعد ان کی عدم موجودگی میں بھی اپنا وعدہ نبھایا اور وفاداری کی مثال قائم کی۔ وہ کبھی کبھار شرارت پر ہماری پٹائی بھی کر دیتی تھیں۔ اگر ہم ابا جان سے "بڑی بی" کی شکایت کرتے تو وہ ہماری بات پر کان ہی نہیں دھرتے تھے۔ وہ کبھی ان کی سرزنش بھی نہیں کرتے تھے۔ وہ کہتے وہ کہ "بڑی بی" تمہیں بہت پیار کرتی ہیں، تم لوگوں کا خیال رکھتی ہیں، وہ اس گھر کی بزرگ ہیں۔ انہیں پورا حق ہے کہ وہ تمہیں ڈانٹیں، غلط کاموں سے منع کریں۔ جب تم بیمار ہوتے ہو تو ساری ساری رات وہ تمہارے سرہانے بیٹھی دعائیں کرتی رہتی ہیں۔ تمہاری دوا اور غذا کا خیال رکھتی ہیں تو انہیں ہر بات کا حق ہے۔

یہ خلوص، یہ دعویٰ انہی والدین کا ہوتا تھا جو بہت عزت سے، احترام سے ان نوکروں کو گھر میں جگہ دیتے تھے۔ ان کے مشورے مانتے تھے۔ بچوں کی صحت سے متعلق کھانے پینے میں ان کی مرضی شامل ہوتی تھی۔ یہ کیسا دور تھا، کیسا زمانہ تھا، وہ خلوص کہاں کھو گیا، وہ لوگ کہاں گم ہوگئے، وہ پیار اور وہ احترام کہاں غائب ہو گیا۔ وہ والدین کیوں نہ رہے جو نوکروں پر بالکل اپنی ذات کی طرح بھروسہ

اور اعتماد کرتے تھے۔

وہ محبتیں جو ہم ان بزرگوں کو دیتے تھے اس کے جواب میں بے پناہ خلوص اور اعتماد ہمیں ملتا تھا۔ شادی بیاہ کے مواقع پر زیور سنبھالنے کی ذمہ داری ان ہی پر ہوتی تھی۔ دلہن کی رخصتی کے وقت وہ بھی ماؤں کی طرح نصیحتیں کرتی تھیں۔

موجودہ دور میں یہ اعتماد کیوں نہیں رہا؟

نہ جانے یہ قصور کس کا ہے والدین کا یا نوکروں کا؟

کیا ان کے درمیان پیسہ یا لالچ آگیا ہے یا بھروسے اور اعتماد کا فقدان ہے؟

کاش وہ دور لوٹ آئے، وہ نوکر اپنے خلوص سے دل جیتنے کا عزم کرلیں اور والدین بھی انہیں وہی ماضی جیسا حق دیں!!

☆☆☆

House maids, such a reliable and loyal characters of the past. by: Badr Tasadaq
TaemeerNews, Dated: 20-09-2014

مضمون: ۸

جنگل میں پہاڑوں پر کیمپنگ - ایک دلچسپ تجربہ

جویریہ سعید

جنگل میں پہاڑوں پر کیمپنگ کا تجربہ بہت مختلف ، raw مگر پرلطف ہوتا ہے۔ اکثر لوگ اس سے گھبراتے ہیں کہ کون آرام دہ بستروں والے گھر، موٹل یا کیبن چھوڑ کر بے آرام بستروں میں سوئے۔ بچوں کے ساتھ یہ تجربہ نسبتاً اور مشکل لگتا ہے۔ عموماً لوگ حسین مگر وحشی فطرت کی گود میں رات گزارنے کے مقابلے میں دن کی پکنک ، کسی امیوزمنٹ پارک میں جدید رائڈز کا مزہ اٹھانے یا ہوٹلنگ وغیرہ کو ترجیح دیتے ہیں مگر ہماری کوشش یہی ہوتی ہے کہ ہمیشہ اسی حسن بے پرواہ کی raw سنگت میں کچھ وقت گزارا جائے۔ کیمپنگ ہوٹل یا کیبن کی نسبت بہت سستی پڑتی ہے۔ موٹل کا ایک کمرہ ڈیڑھ سو سے تین سو ڈالر بلکہ زیادہ کا بھی مل سکتا ہے۔ اس کے برعکس کیمپ کی جگہ صرف پچیس سے چالیس ڈالر میں مل جاتی ہے۔ امریکہ میں ہم نے ایک جگہ صرف چودہ ڈالر بھی ادا کیے۔

اکثر کیمپ لگانے کی جگہیں پہلے سے بک کروانی پڑتی ہیں۔ ورنہ پہلے آیئے، پہلے پایئے کی بنیاد پر جگہ حاصل کی جاتی ہے اور مشہور مقامات پر تاخیر سے پہنچنے کی صورت میں خواری اٹھانی پڑتی ہے۔

جگہ حاصل کرنے کا طریقہ بھی بہت دلچسپ ہے۔ زیادہ تر کیمپ گراؤنڈز سیلف سروڈ [self-served] ہیں۔ کوئی عملہ رجسٹریشن کے لئے موجود نہ ہوگا۔ وہیں ایک جگہ سے لفافہ اٹھایئے، مطلوبہ معلومات لکھیے، چیک یا کیش اس لفافے میں رکھ کر ایک بکسے میں ڈال دیجیے۔ پرچی پر اپنا نام لکھیے اور اپنی جگہ پر گڑے کھونٹے پر اسے پرچی کو لٹکا دیجیے۔ آپ رات گئے بھی واپس آئے تو آپ کی جگہ کوئی نہیں لے گا۔

پارکس کی حفاظت کرنے والا عملہ چکر لگاتا رہتا ہے کہ کوئی قواعد کی خلاف ورزی تو نہیں کر رہا۔
یہاں باتھ روم عموماً فلش والے نہیں ہوتے۔ ہماری بچے انہیں بکٹ باتھ روم [Bucket bathrooms] کہتے ہیں۔ یعنی کافی گہرا گڑھا کھود کر اوپر سے ایک بالٹی نما کموڈ الٹا رکھ کر جما دیا جاتا ہے۔ مگر یہ ہوتے بالکل صاف ستھرے ہیں۔ ہم ایسے وہم زدہ بھی اب عادی ہو چکے۔ پانی یخ ملے گا۔ یہاں ٹھنڈے یخ پانی سے دانت برش کر کے منہ دھونے کے بعد صاحب تولیہ کاندھے پر رکھے بڑی شان سے واپس آتے ہیں اور یخ پانی کے تصور سے جھرجھری لیتے بچوں کے سامنے تولیہ سے سر پونچھنے کی اداکاری کرتے بہت اترا کر کہتے ہیں:
"ارے تم لوگ اب تک گھبرا رہے ہو، دیکھو! ہم تو نہا دھو کر آ رہے ہیں۔"
آسمان پر بے شمار روشن ستارے دیکھ کر انسان دنگ رہ جاتا ہے۔ Starry night کیا ہوتی ہے، یقین مانیے لوڈشیڈنگ کی راتوں کا آسمان بھی اس کو بیان نہیں کر سکتا۔
رات کو زمین بھی بھیگ کر اس قدر ٹھنڈی ہو جائے گی کہ ہمیں تو اکثر تین بجے بھاگ کر گرم گاڑی میں بستر بچھا کر پناہ لینی پڑی ہے۔ صبح درختوں کے جھنڈ میں انڈے تلیے، پراٹھے گرم کیجیے اور چائے بنائیے۔ انٹرنیٹ اور بجلی نہ ہونے کے سبب گیجٹس کے استعمال سے سب ہی معذور ہیں، اس لیے بچے بڑی خوشی سے شاخوں، پتھروں، اور پھولوں سے کھیلتے ہیں۔ پھولوں اور درختوں کے نام پوچھتے ہیں۔ قریب کوئی نہ کوئی دریا، ندی یا جھیل موجود ہو گی۔ ہائیکنگ، چہل قدمی یا بوٹنگ کیجیے یا مچھلی پکڑیے۔ جنگلی حیات کو نقصان نہ پہنچائیں، کچرا نہ پھیلائیں۔ تمام جگہیں بالکل صاف ستھری اور ہری بھری ہیں۔ کھانا باہر کھلا نہ چھوڑیں کہ کہیں جانور خصوصاً بھالو متوجہ ہو کر قریب آ جائیں۔
انگریز قوم جفاکش ہے، فطرت سے محبت بھی کرتی ہے اور اس کا انتظام بھی بخوبی سنبھالے ہوئے ہے۔

☆☆☆

The adventure camping at jungle Hills. by: Jawaria Saeed
TaemeerNews, Dated: 3-07-2019

مضمون: ۹

اصطلاحات پتنگ بازی اور کراچی

عابد علی بیگ

جو لوگ کراچی کے جغرافیے سے واقف ہیں وہ جانتے ہیں کہ ایک ایسا وقت بھی تھا کہ شہر کراچی اس سڑک پر آکر ختم ہو جاتا تھا جو نارتھ ناظم آباد کو جانے والے راستے پر موجودہ عباسی شہید ہسپتال اور پاپوش نگر کی جانب مڑ جاتی ہے۔ اس سے آگے صرف ایک بیابان، ویران میدان تھا جہاں خودرو جھاڑیاں اگی ہوئی تھیں اور پس منظر میں پہاڑیوں کا سلسلہ صاف نظر آتا تھا۔ نارتھ ناظم آباد کا وجود ہو سکتا ہے کہ نقشے پر موجود ہو لیکن روئے زمین پر اس کا کوئی نقش نظر نہیں آتا تھا۔ آہستہ آہستہ اے بلاک نارتھ ناظم آباد میں اسٹیٹ بینک کوارٹرز کے نام سے کچھ فلیٹ تعمیر ہوئے اور اس سے کچھ فاصلے پر حسین ڈی سلوا ٹاؤن کی بنیاد پڑی۔

ناظم آباد میں بھی بلاک ۵ میں کہیں کہیں پلاٹوں پر مکان تعمیر ہوئے تھے باقی حصہ ابھی غیر آباد تھا۔ پاپوش نگر میں موجودہ انارکلی مارکیٹ کی جگہ ایک وسیع و عریض میدان تھا جو بسوں کا اڈا تھا۔ یہاں سے ۲۵ اور ۷۹ کی بسیں صدر اور ٹاور کے لئے چلا کرتی تھیں، اس بس اسٹاپ کی ایک جانب اورنگ آباد کوارٹرز اور دوسری جانب پاپوش نگر کوارٹرز تھے۔

پاپوش نگر کے کوارٹرز ختم ہوتے ہی قبرستان تھا جس کی 'آبادی' اس وقت خاصی محدود تھی۔ اس کے مقابل ایک کھلا میدان تھا جس کی کوئی حد نہ تھی اور جس کا دوسرا سرا ہم میں سے کسی نے نہ دیکھا تھا۔ یہ میدان جہاں سے شروع ہوتا تھا وہاں اب علامہ اقبال ٹاؤن موجود ہے۔ ہر شام اس میدان میں پتنگ بازی کے انتہائی سنجیدہ مقابلے ہوا کرتے تھے۔ مقابلوں میں شرکت کے لئے اورنگ آباد

اور پاپوش نگر کے 'استاد' پتنگ باز اپنے لاؤلشکر کے ساتھ تشریف لاتے تھے۔
ان کے سامان حرب میں درجن بھر چرخیاں رنگ برنگے مانجھوں اور سادہ ڈور کی اور انتہائی دیدہ زیب رنگوں کی مختلف سائز کی پتنگیں ہوتی تھیں جنہیں ہم محض حسرت کی نگاہ سے ہی دیکھ سکتے تھے کیونکہ ان پتنگوں کی قیمت آٹھ آنے سے لے کر ایک روپیہ تک ہوتی تھی جو ہماری پہنچ سے کہیں دور ہوتی تھی۔
شام کے یہ دو ڈھائی گھنٹے کیسے گزرتے تھے پتہ بھی نہ چلتا تھا۔ ہوا کے دوش پر فراٹے بھرتی ہوئی پتنگیں، پیچ لڑاتے ہوئے میلوں تک کی ڈھیل، اور پھر موزوں وقت پر کھنچائی اور مخالف پارٹی کی پتنگ کٹتے ہی " وہ کاٹا" کے نعرے، سیٹیاں اور شور۔۔ پتنگ لوٹنے والوں کا " جھانکڑ" لے کر دوڑنا۔۔ لوٹے ہوئے مانجھے کی " انٹی" کرنا۔ مخالف کی پتنگ پر طنزیہ تبصرے " ابے کنّی کھا رہی ہے" وغیرہ۔ مسحور کن لمحے ہوتے تھے وہ۔ مقابلوں کے بعد مختلف "پینچوں" پر تبصرے دیر تک جاری رہتے۔
آج وہ " اصطلاحات" ذہن میں آرہی تھیں جو ان پتنگ بازوں سے سننے کو ملتی تھیں۔ یہ ساٹھ برس سے بھی زیادہ پرانی بات ہے اب وہ ساری فنی اصطلاحات تو شاید یاد نہ آئیں، جو بھی یاد ہیں وہ شئیر کرتا ہوں۔
مانجھا: وہ ڈور جو پتنگ اڑاتے وقت اگلے حصے میں باندھ جاتی ہے اور پیچ اسی حصے سے لڑائے جاتے ہیں مانجھا تیار کرنے کے لئے دھاگے کو ابلے چاول، پسے ہوئی شیشے کے ساتھ مطلوبہ رنگ کے آمیزے سے 'سُوتا' جاتا ہے
سُوتنا: اچھی کوالٹی کے دھاگے کو کسی کھلی جگہ دھوپ میں ایک سرے سے دوسرے سرے تک باندھا جاتا ہے۔ پھر مانجھا بنانے کے آمیزے کو مٹھی میں لے کر دھاگے کو اس آمیزے کے بیچ سے گزارا جاتا ہے۔ یہ عمل مانجھا سوتنا کہلاتا ہے۔
سَدّی: وہ سادہ ڈور جو مانجھے کے بعد والے حصے پر مشتمل ہوتی ہے

چرخی: لکڑی کا بنا وہ خوبصورت رنگوں سے سجا آلہ جس پر مانجھا یا سدی لپیٹی جاتی ہے۔ پیچ کے دوران میں چرخی سنبھالنا اور پھر واپس لپیٹنا بھی ایک فن ہوا کرتا تھا

کنکوا: پتنگ کا ایک دوسرا نام

کانپ: پتنگ کے کاغذ پر چپکی لکڑی (عموماً بانس کی) کی قوس نما تیلی

ٹھڈّا: لکڑی کی وہ تیلی جو جو پتنگ کے کاغذ کے وسط میں عموداً (اوپر سے نیچے تک) چپکی ہوتی ہے

کَنّے: وہ دھاگا جس کے دو سِرے پتنگ پر باندھے جاتے ہیں۔ اوپر کانپ اور ٹھڈّے کے نقطہ ملاپ پر اور دوسرا سرا ٹھڈّے کے تین چوتھائی حصے پر۔ کَنّے باندھنا انتہائی تکنیکی کام ہے اور ذرا سی غلطی پتنگ کی اڑان کو غیر متوازن کر سکتی ہے۔ پتنگ اڑانے والے "کَنّوں سے کاٹنا" محاورتاً بھی استعمال کرتے ہیں۔

کَنّی: اگر کَنّے غلط باندھنے کی وجہ سے یا پھر غیر متوازن کانپ کی وجہ سے پتنگ ایک طرف کو جھک رہی ہو یا ایک جانب غوطہ کھا رہی ہو تو اسے کَنّی کھانا کہتے ہیں۔ اس صورتحال کو درست کرنے کے لئے کانپ کی دوسری جانب وزن بڑھانے کے لئے کوئی دھاگا، دھجی یا کاغذ کی ایک 'چیپی' لگادی جاتی ہے۔۔ پتنگ اڑانے والے ایک طرف جھک کر چلنے والے فرد کے لئے 'کَنّی کھانے' کی اصطلاح محاورتاً استعمال کرتے ہیں۔

چیپی: پتنگ پھٹ جانے کی صورت میں جوڑ لگانے کے لئے کسی اور پھٹی ہوئی پتنگ کے کاغذ کا ٹکڑا لئی سے لگانے کو چیپی لگانا کہتے ہیں

لئی: میدے کو ابال کر حلوے کی صورت میں نیم ٹھوس شکل میں محفوظ شے کو لئی کہتے ہیں یہ پتنگ سازی اور پتنگ بازی میں گلیو کا کام کرتی ہے۔ لئی کی عدم موجودگی میں یہ کام ابلے ہوئے چاولوں سے بھی لیا جاتا ہے۔

پیچ: اڑتے ہوئے پتنگ کی ڈور (عموماً مانجھے) سے دوسری اڑتی ہوئی پتنگ کی ڈور کاٹنے کے لئے ڈور کو فضا میں فریق ثانی کی پتنگ کی ڈور سے الجھانے کے عمل کو پیچ لڑانا کہا جاتا ہے۔ کبھی یہ پیچ پلک

جھکتے پتنگ کٹنے کے نتیجے پر ختم ہوتے ہیں اور کبھی یہ سلسلہ دیر تک چلتا ہے۔ کھلاڑی ڈھیل دیتے ہیں اور موقع ملتے ہی کھنچائی کرتے ہیں۔ کسی ایک فریق کی پتنگ کی ڈور کٹتی ہے۔ کٹی پتنگ فضا میں ڈولتی دور چلی جاتی ہے اور اسے لُوٹنے والے اس کے پیچھے دوڑ پڑتے ہیں۔ پیچ کا لفظ اردو کے کئی محاوروں اور تراکیب میں استعمال ہوا ہے جس کے لئے کوئی بھی مستند لغت دیکھی جاسکتی ہے

ڈھیل: پیچ لڑانے کے عمل کے دوران میں پتنگ باز پتنگ کو اڑ کر دور جانے دیتا ہے اور چرخی سے مزید ڈور کھل کر پتنگ کو ہوا کے دوش پر لئے آگے بڑھتی رہتی ہے۔ اس عمل کو ڈھیل دینا کہتے ہیں اردو میں کئی محاوروں میں ڈھیل دینے کا ذکر اسی نسبت سے ہے

کھنچائی: پیچ لڑانے والا صورتحال کی مناسبت سے یا تو مقابلے کے آغاز میں ہی یا پھر کچھ ڈھیل دینے کے بعد مہارت سے ڈور کو دونوں ہاتھوں سے کھینچنا شروع کرتا ہے اس دوران میں اس کی پتنگ مخالف پتنگ پر ایک خاص زاویے سے حملہ آور ہوتی ہے اور مانجھے کی رگڑ اور کاٹ سے دونوں میں سے ایک پتنگ کی ڈور کٹ جاتی ہے۔ لفظ کھنچائی بھی اردو میں مختلف مواقع پر اسی نسبت سے استعمال ہوتا ہے

سُت: ایسی پتنگ جو اڑان بھرے کے بعد بلندی پر جاکر ایک جگہ ٹھہر جائے اور دائیں بائیں نہ جائے۔

گٹک: بچے ہوئے مانجھے یا ڈور کو لکڑی کے جس ٹکڑے یا پتھر پر لپیٹا جاتا ہے وہ گٹک کھلاتا ہے

انٹی: مانجھے یا ڈور کی کم مقدار کو چرخی یا گٹک پر لپیٹنے کے بجائے ایک ہاتھ کے انگوٹھے اور چھنگلی کے درمیان کر اس کر کے خاص طریقے سے لپیٹنے کا عمل 'انٹی' کرنا کہلاتا ہے۔

محاورے کے طور پر اگر کوئی لمبی لمبی گپیں ہانک رہا ہو تو اس کی باتوں کو لپیٹنے کے لئے انٹی کرنے کا اشارہ کیا جاتا ہے جس کا مطلب یہ عندیہ دینا ہے کہ بس کرو بھائی بہت لمبی لمبی چھوڑ رہے ہو

جھانکڑ: کسی بانس یا لکڑی کی بَلّی کے سرے پر کوئی جھاڑی باندھ کر پتنگ لوٹنے کا ہتھیار جھانکڑ کہلاتا ہے۔ محاورتاً بہت دبلے پتلے شخص کو بھی جھانکڑ سے تشبیہ دی جاتی ہے۔

یہ کوئی مکمل فہرست اصطلاحات نہیں اور مجھ جیسے شخص کے محض مشاہدات و یادداشت پر مبنی ہے جس نے خود کبھی باقاعدہ طور پر پتنگ بازی نہیں کی۔ یہ بھی ممکن ہے کہ دوسرے حصوں میں مختلف اصطلاحات استعمال ہوتی ہوں۔ ایک وضاحت اور کر دوں۔ یہ مشاہدات اور یادداشت اس وقت تک کی ہیں جب میں دس برس کا تھا۔

☆☆☆

Kites flying, its terminology and Karachi. by: Abid Ali Baig
TaemeerNews, Dated: 23-02-2019

مضمون: ۱۰

تیوہار اور قومی یکجہتی

مولانا وحید الدین خان

تیوہار کو عربی میں عید، ہندی میں تیوہار اور انگریزی میں فیسٹول (Festival) کہتے ہیں۔ تیوہار کا بنیادی مقصد اجتماعی روایات کو زندہ رکھنا اور فرد کو فرد سے جوڑنا ہے۔ انسانی تہذیب کی پوری تاریخ میں تیوہار کا رواج رہا ہے۔ سال کی خاص تاریخوں میں مشترک طور پر قومی تقریب منعقد کرنا، یا مشترک تصور کے تحت کسی یادگار دن کو اجتماعی خوشی منانا، اسی کا نام تیوہار ہے۔

تیوہار عام طور پر سال کی مقرر تاریخوں میں ہوتے ہیں۔ اس روز سب لوگ جمع ہو کر مخصوص انداز میں خوشی کا اظہار کرتے ہیں۔ ایک دوسرے کو مبارک باد دیتے ہیں۔ اس طرح تیوہار لوگوں کے اندر اجتماعیت اور یک جہتی پیدا کرنے میں مددگار ہوتا ہے۔ وہ سماج کے ایک حصہ کو اس کے دوسرے حصہ سے قریب لے آتا ہے۔ تیوہار ملاقات اور تعلق کی مضبوط اور پائدار زمین فراہم کرنے کا ایک ذریعہ ہے۔

تیوہار کا ایک حصہ عام طور پر کسی مخصوص سماجی گروہ کے اپنے عقیدہ اور اپنی تاریخ سے تعلق رکھتا ہے۔ اور ایک حصہ عمومی ہوتا ہے جو صرف ایک سماجی گروہ کی دلچسپی کی چیز نہیں ہوتا بلکہ پورے سماج اور وسیع تر معنوں میں تمام انسانوں سے تعلق رکھتا ہے۔

مثلاً عید میں دوگانہ نماز کا تعلق مسلم عقیدہ سے ہے۔ وہ مسلمانوں کے مذہب کا حصہ ہے۔ مگر عید میں شیرینی کھانا اور کھلانا ایک ایسی چیز ہے جس کا تعلق تمام انسانوں سے ہے۔ یہ عمل انسانی سطح پر میل جول کو بڑھانے والا ہے۔ وہ ایک عالمی چیز ہے نہ کہ کوئی گروہی چیز۔ اسی طرح دیوالی میں لکشمی

کی پوجا کرنا ہندو عقیدہ سے تعلق رکھتا ہے۔ وہ ہندو مذہب کا جز ہے لیکن گھر کی صفائی ایک ایسی چیز ہے جس میں ہر آدمی کے لئے دلچسپی کا سامان موجود ہے۔ اس کو ہر آدمی خوشی سے اختیار کر سکتا ہے۔

میں آزادی (۱۹۴۷) سے پہلے والے ہندوستان میں پیدا ہوا۔ مجھے اپنے بچپن کی یہ بات اچھی طرح یاد ہے کہ جب دیوالی کا تیوہار آتا تو مسلمان ہندوؤں کے یہاں تحفے بھیجتے۔ ہم لوگ بھی اپنے گھروں کی صفائی اسی طرح کیا کرتے تھے جس طرح ہندو لوگ اس تیوہار میں اپنے گھروں کی صفائی کرتے ہیں۔ اسی طرح جب عید کا تیوہار آتا تو ہندو بچے بھی مسلم بچوں کی طرح نئے کپڑے پہنتے۔ ہندو گھروں میں شیرینی کا اہتمام کیا جاتا اور وہ اپنے مسلم پڑوسیوں کی تواضع کر کے خوش ہوتے۔

اس طرح مسلمانوں نے ہندو تیوہاروں میں اپنے لئے دلچسپی کا سامان پالیا تھا اور ہندو، مسلمانوں کے تیوہاروں میں اپنی دلچسپی کا سامان پا رہے تھے۔ دونوں فرقوں کے تیوہار ایک اعتبار سے ان کے اپنے فرقے کے تیوہار ہوتے تھے اور دوسرے اعتبار سے ان کی حیثیت مشترک تیوہار کی ہوتی تھی۔ اس دوسرے اعتبار سے دونوں گویا ایک دوسرے کے تیوہاروں کو مل جل کر مناتے تھے۔ اس طرح دونوں فرقوں میں رواداری کو فروغ ملتا تھا۔ دونوں بار بار ایک دوسرے سے قریب ہوتے رہتے تھے۔

اس چیز نے اس زمانہ میں ہندوؤں اور مسلمانوں کے درمیان کامل ہم آہنگی اور یک جہتی پیدا کر رکھی تھی۔ دونوں میں کسی قسم کی اجنبیت حائل نہ تھی۔ دونوں اپنے آپ کو مسلم اور ہندو سمجھتے ہوئے وسیع تر ہندوستانی قوم کا جز بنے ہوئے تھے۔ دونوں اس عظیم ملک سے یکساں محبت کرتے تھے جس کا نام اب تاریخ میں برصغیر ہند (Indian sub-continent) لکھا جاتا ہے۔

یہی وہ دور ہے جس کی بابت سرسید نے اپنی ایک تقریر (۲۷ جنوری ۱۸۸۳) میں کہا تھا:

"ہندو ہونا یا مسلمان ہونا انسان کا اندرونی خیال یا عقیدہ ہے، جس کا بیرونی معاملات اور آپس کے برتاؤ سے کچھ تعلق نہیں۔ ہندوستان ہی ہم دونوں کا وطن ہے۔ ہندوستان ہی کی ہوا سے ہم دونوں جیتے ہیں۔ مقدس گنگا اور جمنا کا پانی ہم دونوں پیتے ہیں۔ ہندوستان ہی کی زمین کی پیداوار ہم دونوں

کھاتے ہیں۔ مرنے میں، جینے میں دونوں کا ساتھ ہے۔ درحقیقت ہندوستان میں ہم دونوں باعتبار اہل وطن ہونے کے ایک قوم ہیں۔ اور ہم دونوں کے اتفاق اور باہمی ہمدردی اور آپس کی محبت سے ملک کی اور ہم دونوں کی ترقی اور بہبودی ممکن ہے۔ اور آپس کے نفاق اور ضد و عداوت اور ایک دوسرے کی بدخواہی سے ہم دونوں برباد ہونے والے ہیں۔"

پھر یہی وہ ہندوستان ہے جس کا ترانہ اقبال نے اپنے اشعار میں گایا تھا۔ ان کا یہ شعر اس مشترکہ جذبہ کی بہترین عکاسی کرتا ہے جس کو ہندوستان کے تقریباً ہر شخص نے سنا ہے اور بے شمار لوگوں نے اس کو گایا ہے:

سارے جہاں سے اچھا ہندوستاں ہمارا
ہم بلبلیں ہیں اس کی وہ گلستاں ہمارا

اس طرح کے مشترک ماحول اور یک جہتی کی فضا پیدا کرنے میں تیوہار نہایت اہم رول ادا کرتے ہیں۔ حقیقت یہ ہے کہ وہ نفرت اور باہمی دوری کے قاتل ہیں۔ اگر تیوہاروں کو صحیح جذبہ کے ساتھ اور مشترک انداز میں منایا جائے تو ہمارے سماج سے ہر قسم کے جس کو ہے اور فساد کا ہمیشہ کے لئے خاتمہ ہو جائے۔

مجھے مدھیہ پردیش کے ایک صاحب نے بتایا۔ وہاں کے ایک قصبہ میں فرقہ وارانہ تناؤ کا ماحول تھا۔ ہولی کے تیوہار کا زمانہ آیا تو سخت اندیشہ پیدا ہو گیا کہ اس موقع پر فرقہ وارانہ فساد ہو کر رہے گا۔ ہولی کا رنگ انسانی خون کے رنگ میں تبدیل ہو جائے گا۔

اس وقت ایک بزرگ ہندو مسلمانوں کے علاقہ میں گئے۔ انھوں نے مسلمانوں سے کہا کہ میں آپ لوگوں کا خیر خواہ ہوں اور آپ لوگوں کو ایک مشورہ دینے آیا ہوں جس میں ہم سب کی بھلائی ہے۔ اگر آپ میرے اس مشورہ کو قبول کر لیں تو امید ہے کہ ہماری بستی بہت بڑی آفت سے بچ جائے گی۔

انھوں نے کہا کہ اس وقت ہماری بستی کے جو حالات ہیں وہ آپ کے سامنے ہیں۔ مجھے بظاہر یقینی

معلوم ہوتا ہے کہ یہ حالات باقی رہے تو ہولی کے موقع پر ضرور فرقہ وارانہ فساد ہو جائے گا اور ہماری سڑکوں پر رنگ کے بجائے خون بہے گا۔ اس مسئلہ کے حل کی ایک نہایت آسان تدبیر ہے اور اس وقت میں آپ کو وہی تدبیر بتانے آیا ہوں۔

انھوں نے کہا کہ ہولی کے دن جب ہندو لڑکے ہولی کھیلتے ہوئے مسلمانوں کے محلہ کے پاس پہنچیں تو مسلمان اس سے الگ نہ رہیں۔ بلکہ مسلمان لڑکے بھی باہر نکل کر ان کی پارٹی میں شامل ہو جائیں اور ان کے ساتھ ہولی کھیلنا شروع کر دیں۔ انھوں نے مزید کہا کہ اگر بالفرض آپ لوگوں کے کپڑوں میں ہولی کا رنگ لگنے کا کچھ عذاب ہو تو میں بھگوان سے کہتا ہوں کہ وہ اس کو میرے حصہ میں ڈال دے اور اس تدبیر سے فساد کے ٹلنے کا جو ثواب ہے وہ سب آپ لوگوں کے حصہ میں لکھ دیا جائے۔ یہ بات مسلمانوں کی سمجھ میں آگئی، چنانچہ انھوں نے ہولی کے موقع پر ایسا ہی کیا۔

ہولی کے دن حسب معمول ہندو نوجوانوں کی پارٹی مسلم محلہ سے گزرنے والی سڑک پر آئی۔ اس وقت، پہلے سے طے کئے ہوئے منصوبہ کے مطابق، کچھ تفریح پسند مسلم نوجوان اپنے گھروں سے نکلے اور جوش وخروش کے ساتھ ہندو پارٹی میں مل گئے۔ وہ اس وقت انہیں جیسے بن کر ان کے ساتھ ہولی کھیلے لگے۔

ایسا کرنے کے بعد اچانک ساری فضا بدل گئی جو دن دو دشمنوں کے ٹکراؤ کا دن بنتا وہ دو دوستوں کے ملاپ کا دن بن گیا۔ ہولی کا رنگ جو خون کے چھڑکاؤ کی صورت اختیار کرنے والا تھا، وہ پیار و محبت میں بدل کر لوگوں کے اوپر گلاب جل کا چھڑکاؤ بن گیا۔

اسی طرح مہاراشٹر کے ایک شہر کا قصہ ہے۔ وہاں ہر سال ایک خاص تاریخ کو گنپتی کا جلوس نکلتا ہے جو گویا ان کا ایک سالانہ تیوہار ہے۔ ہندو اس میں بڑی تعداد میں شریک ہوتے۔ کئی سال ایسا ہوا کہ جلوس جب مسلم محلہ سے گزرنے والی سڑک پر پہنچا تو کسی نہ کسی بات پر دونوں فرقوں میں اشتعال پیدا ہو گیا اور فساد کی نوبت آگئی۔

پچھلے سال وہاں کے مسلمانوں نے مشورہ سے یہ طے کیا کہ وہ جلوس کے خلاف روک ٹوک نہیں

کریں گے اور نہ اس کی روٹ بدلنے پر اصرار کریں گے۔ چنانچہ جب جلوس آیا تو انھوں نے پچھلے سالوں کے برعکس جلوس کا استقبال اور اس کو راحت پہنچانے کی کوششیں کیں۔ مثلاً یہ گرمی کا موسم تھا۔ چنانچہ انھوں نے راستہ میں جگہ جگہ ٹھنڈے پانی کا انتظام کر دیا۔ وغیرہ۔

اس کا نتیجہ نہایت خوشگوار نکلا۔ دو فرقے جو اس سے پہلے ایک دوسرے کو حریف کی نظر سے دیکھتے تھے، وہ ایک دوسرے کو دوست کی نظر سے دیکھنے لگے۔ جلوس کا قافلہ جو عام حالت میں دونوں کے درمیان کشیدگی پیدا کرنے کا سبب بنتا، وہ دونوں کے درمیان دوستی اور یک جہتی پیدا کرنے کا ذریعہ بن گیا۔

تیوہار کو اگر صحیح طریقہ سے منایا جائے تو بلاشبہ وہ رواداری، اتحاد اور یک جہتی پیدا کرنے کا ذریعہ ہے۔ وہ پورے سماج کو مشترک انسانی رشتہ میں جوڑ کر صالح معاشرہ کی تشکیل کرتا ہے۔ اور صالح معاشرہ سے پیدا ہونے والے نتیجہ ہی کا دوسرا نام یک جہتی ہے۔

☆☆☆

Festivals and National Integration. by: Maulana Waheeduddin Khan
TaemeerNews, Dated: 15-10-2021

مضمون: ۱۱

تجربہ جہد سے ملتا ہے کتابوں سے نہیں

ندیم صدیقی (ممبئی)

رُڑکی میں ایک بڑے میاں کو آلو کی ٹِکیاں تل کر بیچتے دیکھا ہے (کھائی بھی ہیں) وہ شام پانچ بجے اپنا ٹھیلہ لے کر آتے تھے اور رات آٹھ بجے کے آس پاس گھر لوٹ جاتے تھے۔ ایسا نہیں کہ وہاں آلو کی ٹکیاں دوسرے لوگ نہ بیچتے ہوں مگر ان کے ہاتھ کی بنائی ہوئی یہ ٹکیاں لوگوں کی زبان پر چڑھی ہوئی تھیں۔ آلو وہی جو سب خریدتے ہیں، مسالے بھی وہی جو بازار میں عام طور پر دستیاب ہوتے ہیں مگر بنانے والا صرف ایک تھا اور اسکا یہ نسخہ کہ نمک کتنا، مرچ کتنی اور دیگر مسالے کی مقدار کتنی ہونی چاہیئے اسی میں اُن ٹِکیوں کی مقبولیت کا راز چھپا ہوا تھا۔

کانپور میں ایک صاحب نے "ظالم پیڑے" کے نام سے بازار میں ایک مٹھائی پیش کی اور دیکھتے ہی دیکھتے "ظالم پیڑا" مقبولیت کی بلندی پر پہنچ گیا جبکہ اسی شہر میں ایک سے ایک حلوائی اپنے اپنے طور پر پیڑے بناتے تھے مگر ظالم پیڑے کی بات ہی الگ تھی۔

ابھی چند ہفتے قبل ہم نے ممبئی کے چند پرانے ہوٹلوں کا ذکر کیا تھا جس میں حاجی ہوٹل بھی شامل تھا اس مضمون کو پڑھنے کے بعد بھساول کے معروف ادیب رشید عباس صاحب کا فون آیا کہ آپ نے حاجی ہوٹل کا ذکر کر کے کیا کیا یاد دِلا دِیا۔ حاجی ہوٹل کی سفید ماش (اُرد) کی دال (خشک) اور اس پر باریک کٹی ہوئی پیاز جو اصلی گھی میں براؤن کر کے اُس کے اوپر ڈالی جاتی تھی، ایک عجب ذائقہ تھا اُس ماش کی دال کا، اُن دنوں موسیقارِ اعظم مرحوم نوشاد کے ہاں میرا آنا جانا تھا، اتوار کے عشائیے میں یہ دال نوشاد صاحب کے دستر خوان کی لازمہ تھی اور مَیں ممبئی نمبر تین سے نوشاد صاحب کے گھر (

واقع کارٹر روڈ۔ باندرہ) وہ دال پہنچاتا تھا۔

مشہور شاعر ندا فاضلی اپنی سوانحی کتاب (غالباً دیواروں کے باہر) میں جناب کمال امروہوی کے حوالے سے ماش کی دال بنانے کا نسخہ لکھتے ہیں کہ ایک رات قبل یہ دال پانی میں بھگو دِی جاتی تھی اور پھر صبح اِسے ایک کپڑے میں رکھ کر قدرے اونچی جگہ پر ٹانگ دِیا جاتا تھا کہ اس کا پانی نچڑ جائے اور پھر جب وہ دال پکتی تھی تو اس کا جواب نہیں ہوتا تھا۔۔۔ وہ جو کہتے ہیں کہ 'کھانے والا اُنگلیاں چاٹتا رہ جائے'۔۔۔

بھنڈی بازار (ممبئی) میں نظام اسٹریٹ کے ایچ ایم رفیق ہوٹل کے کھانے بھی اپنے ذائقے اور اقسام کے سبب بہت مشہور تھے جن میں یہ ماش کی دال بھی شامل تھی، جہاں تک ہمیں یاد آتا ہے رفیق ہوٹل والوں کا تعلق بھی امروہے ہی سے تھا۔ ماش کی یہ خشک دال ہم نے اور مقامات پر بھی کھائی ہے مگر سچ یہ ہے کہ رفیق ہوٹل کی ماش کی دال کا جواب ہی نہیں تھا۔

رائچور (کرناٹک) کے ایک سفر میں مشہورِ زمانہ شخصیت جعفر شریف کے داماد کے گھر، کچّے گوشت کی بریانی بھی یاد آتی ہے کہ ویسی بریانی ہم نے نہیں کھائی، صاحبِ خانہ سے سوال کیا کہ۔۔۔ کچّے گوشت کی بریانی۔۔۔ کا مطلب؟

صاحبِ خانہ بھی باذوق آدمی تھے، انہوں نے قہقہہ لگایا اور بتایا کہ

جناب! اس کا گوشت پکانے سے قبل خاصی دیر مسالے میں لپیٹ کر رکھا جاتا ہے اور اس مسالے کا جزوِ اعظم پپیتا ہوتا ہے جس سے گوشت کی بوٹیاں بظاہر سالم نظر آتی ہیں مگر ہاتھ لگایئے تو وہ مکھن کی طرح پھیل جاتی ہیں۔

لیور (جگر) کے عارضے کی ایک دوا بازار میں عام ہے جس کو لیو-۵۲ (LiV52) کے نام سے سب جانتے ہیں۔ دراصل ممبئی کے ایک یونانی طبیب حکیم نذیری کا یہ نسخہ ہے جو ٹِکیوں کی شکل میں (بلکہ اب تو اس کا سیال بھی) دستیاب ہے۔ یہ دوا مشہور دواساز کمپنی ہمالیہ ڈرگس بناتی ہے، لوگ اسے ایلو پیتھک دوا سمجھتے ہیں، معاملہ صرف اتنا ہے کہ اس کی شکل سے لگتا ہے کہ یہ ایلوپیتھک دوا ہو گی، مگر

دوا کی اصل یونانی ہی ہے۔۔۔

حال ہی میں سوشل میڈیا پر ایک کلپ ہم نے دیکھی کہ کسی ہوائی جہاز میں کوئی خرابی ہوگئی تھی۔ جہاز کے مالک نے کئی انجینئروں کی مدد لی مگر کوئی بھی انجینئر اس کی خرابی نہ جان سکا، آخر ایک شخص نے جہاز کے مالک سے کہا کہ فلاں جگہ ایک بوڑھا انجینئر ہے اس کو بلا کر دِکھایئے۔ جہاز کے مالک نے اس مشورے پر بھی عمل کیا اور اس بوڑھے انجینئر کو بلایا اور جہاز میں خرابی کا سراغ لگانے کی درخواست کی۔ بوڑھے انجینئر نے جہاز کے انجنوں کا گہرائی سے معائنہ کرنا شروع کیا، جہاز کا مالک قریب ہی اس کے ہر عمل کا مشاہدہ کر رہا تھا، بوڑھے انجینئر نے ایک انجن کو غور سے دیکھنے کے بعد اپنے اوزاروں کا بیگ کھولا اور اس میں نٹ (NUT) کسنے والا ایک پانا نکالا اور جہاز کے بعض نٹ کسنے لگا، اس نے جب نٹ کس لیے تو بوڑھے انجینئر نے پائیلٹ سے انجن اسٹارٹ کرنے کو کہا، مختصر یہ کہ انجن اسٹارٹ ہو گیا۔

بوڑھے انجینئر نے اپنے بیگ میں احتیاط سے پانا رکھا اور چل دِیا۔ دوسرے دِن اس بوڑھے انجینئر نے جہاز کے مالک کو اپنا بل (BILL) بھیجا تو اس میں اُجرت کی رقم ڈھائی لاکھ درج تھی۔ بِل دیکھ کر جہاز کے مالک کا سر چکرا گیا کہ ایک پانے سے چند نٹ (NUT) کسنے کے کا اتنا کثیر معاوضہ ۔۔۔؟؟!!

جہاز کے مالک نے بوڑھے انجینئر کو لکھ بھیجا کہ اپنے کام کے الگ الگ بل بنا کر بھیجیے۔ انجینئر نے الگ الگ بل بنا کے بھیجے تو اس کی اِجمالی تفصیل یوں تھی:

"جہاز کے دس نٹ کسنے کے دَس ہزار، اور کون سے نٹ کسنے ہیں اس وسیع تجربے کے دو لاکھ چالیس ہزار۔"

جہاز کا مالک اس جواب پر لاجواب ہو گیا۔

ایک پرانا واقعہ بھی آموختہ ہو جائے:

ہمارے ایک ماہرِ لسانیات سینئر دوست نے ایک زبان داں کو پکڑ لیا کہ ذرا لفظ "گوشت" یا "دوست"

کی ہجے لگا دیجیے تو ایک کلو مٹھائی پیش کروں گا۔

زبان داں نے زیرِ لب کہا: گاف واؤ پیش۔۔ گو۔۔ اور پھر شین تے زبر۔۔ شَت۔۔ اب زبان داں چپ کہ شَ ت زبر شَت کہتا ہوں تو گوشَتُ (Goshat) ہو جائے گا اور "ش" کو ساکن کہوں تو پھر "ت" کو کیا کہوں، کیوں کہ ساکن کے بعد ساکن نہیں ہوتا؟؟۔۔۔

ماہر لسانیات کی طرف زبان داں سوالیہ نظروں سے دیکھنے لگا تو ماہر لسانیات نے ہونہہ کے ساتھ تیکھا تبسم کیا۔

ہم نے ماہرِ لسانیات سے سوال کیا:

حضرت! ذرا اِس نقطے کی وضاحت فرمائیں کہ ساکن کے بعد کیا کہا جائے گا؟

موصوف نے ہمیں گھور کر دیکھا اور جواباً تیکھے لہجے میں کہا کہ:

"میاں! ہم نے زبان و بیان کے یہ گُر اتنی آسانی سے نہیں سیکھے، اساتذہ کی جوتیاں برسوں سیدھی کی ہیں، تب اس کی شدبد ہوئی ہے اور آپ ہیں کہ ایک سِکنڈ میں یہ نسخہ حاصل کر لینا چاہتے ہیں۔"

ہم سوچ رہے ہیں کہ اگر وہ بزرگ آج ہوتے تو 'حضرتِ گوگل' کے سامنے اُن کی کیا حیثیت ہوتی! موصوف کے سارے تجربے اور سارا علم گوگل سَر (Google Sir) کے سامنے ہیچ ہوتا۔ مگر سچ یہی ہے کہ تجربے کی اہمیت سے انکار ممکن ہی نہیں اور تجربہ حاصل ہوتا ہے ریاضت اور مشق سے۔ یہ جو ہماری نئی نسل ہے، اسکے پاس ریاضت اور مشق کیلئے وقت ہی نہیں چوزہ انڈے سے نکلتے ہی اذان دینا چاہتا ہے، نتیجہ معلوم۔۔۔!!

مرحوم اثرؔ فیض آبادی کا یہ مصرع یاد آتا ہے آپ بھی حظ اٹھائیے:

تجربہ جہد سے ملتا ہے کتابوں سے نہیں!!

☆☆☆

Experience gained by struggle and not by books. by: Nadeem Siddiqui
TaemeerNews, Dated: 4-04-2018

مضمون: ۱۲

رشتوں کا جوا

ڈاکٹر مجید خان

تعلیم یافتہ لڑکیوں کے رشتوں کے تعلق سے نت نئے پیچیدہ مسائل دیکھنے میں آرہے ہیں۔ ماہر سماجیات کو اس موضوع پر غور کرنا چاہئے۔ ان سماجی تبدیلیوں کا کسی فرد پر کیا اثر ہوتا ہے اُس کا جائزہ ماہر نفسیات لیتا ہے۔ آج اسی طرح کے مسائل سے معصوم لوگ پریشان ہیں۔ چند لوگ جب مشورے کیلئے آتے ہیں تب صحیح کیفیات کا علم ہوتا ہے۔ اسی قسم کی ایک نوجوان لڑکی اپنی ماں کے ساتھ مشورے کیلئے آتی ہے۔ اُس کے والد گاؤں میں ٹیچر ہیں۔ اُس کی شروع ہی سے یہ خواہش تھی کہ اُس کی اولاد ایک لڑکا اور لڑکی بہترین تعلیم حاصل کرے۔ دونوں ذہین تھے۔ ایک اچھے اور چاہنے والے والد جو خود بہترین ٹیچر بھی تھے گھر میں اچھا تعلیمی ماحول پیدا کئے تھے اور دونوں بھی پسماندہ طبقے والوں کو جتنے مراعات حاصل ہیں اُن کا بھرپور استفادہ کرتے ہوئے اچھی تعلیم حاصل کئے۔ لڑکا اور لڑکی دونوں انجینئرنگ کی تعلیم حاصل کئے۔ لڑکا ابھی ملازمت حاصل کرنے کے بعد کسی بڑے شہر کو چلا گیا اور خاندان کو معاشی استحکام دلانے کی جدوجہد میں جُٹ گیا۔ ظاہر ہے گاؤں کا ایک غریب ٹیچر جو ایک چھوٹے سے کویلو کے مکان میں رہا کرتا تھا کبھی یہ نہیں سوچا تھا کہ وہ ایک دن امیروں کی طرح زندگی گزارے گا۔ بیوی تو بیچاری اپنا پورا وقت دھویں بھرے باورچی خانے میں گزارتی تھی اور اُس کے دماغ میں ایک ہی بات سمائی ہوئی تھی اور وہ تھی لڑکی کی شادی اور بہو کا جلد سے جلد حمل یاب ہونا۔

لڑکی سنجیدہ، عقل مند اور سمجھدار تھی۔ شہر کے آج کل کے بہترین عصری ماحول میں اُس کو ایک

مشہور کمپیوٹر کمپنی میں ناقابل یقین ماہانہ مشاہرے پر ملازمت مل گئی۔ بیچارہ باپ یقین نہیں کیا کہ اُس کی لڑکی کی یافت اُس کے ہیڈ ماسٹر سے بھی کئی گنا زیادہ تھی۔ پہلی تنخواہ کو ہاتھ میں لے کر گننے کا پروگرام بنایا تھا مگر مہینہ گزرنے پر بھی اُس کو اتنی بڑی رقم کہیں دکھائی نہیں دی۔ لڑکی تو نئے کپڑے خریدنے لگی اور ماں باپ دونوں کیلئے قیمتی کپڑے وغیرہ خریدی مگر وہ تو تیاری کر رہا تھا کہ نوٹوں کے بنڈلوں کو کئی بار گنے گا اور کسی محفوظ جگہ پر رکھے گا۔ پھر وہ سمجھ گیا کہ یہ نئی دنیا کے ہیر پھیر ہیں۔ کاغذ پر بڑی بڑی تنخواہیں لکھ دیئے ہیں اور ہاتھ میں کچھ نہیں ملتا۔ یہ نئی تنخواہیں دینے والے مکار لوگ بڑی بڑی انگریزی باتیں کرتے ہوئے اپنے ملازموں کو بینکوں کی بُری عادتیں ڈال دیتے ہیں اور ان لوگوں کو ہر چیز قرض پر لینے کی عادت سی پڑ جاتی ہے۔

اب وہ بھی اپنی بیوی سے متفق ہو گیا کہ جلدی سے جلدی اُس کی شادی کر دینی چاہئے مگر لڑکی کی مرضی کے خلاف تو کوئی کام کرنا نہیں تھا گاؤں میں تو کوئی قابل قبول رشتہ نہیں تھا۔ اپنے بچوں کی طرح تعلیم یافتہ نوجوان کوئی تھے ہی نہیں۔ بحالت مجبوری اپنے لڑکے اور اُس کے دوستوں کی مدد سے اشتہارات دیئے گئے اور ایک مناسب رشتہ مل ہی گیا۔ لڑکے والوں کا خاندان بھی ایک گاؤں ہی کا تھا مگر لڑکے کے والد کاشتکار تھے اور جاہل تھے۔ اپنے اکلوتے لڑکے کو اچھی تعلیم دلوائے اور وہ آئی آئی ٹی سے کیمیکل انجینئرنگ میں حاصل کیا۔ میں آج تک بھی اس مغالطے میں رہا تھا کہ تعلیم آئی آئی ٹی سے بڑھ کر کوئی تعلیم نہیں ہو سکتی مگر یہ سُن کر تعجب ہو رہا ہے کہ کئی لڑکے اس میں داخلہ ملنے کے باوجود اس میں شریک نہیں ہو رہے ہیں۔ سنا ہے کہ اس کی مقبولیت میں کمی ہو رہی ہے اور اس کی وجہ ہے بہترین یافت کے مواقع کا فقدان، دیکھنے پر تو یہ شخص آئی آئی ٹیسے پاس ہوا تھا مگر نوکری کی تلاش جاری تھی۔ خیر رشتہ پکّا ہو گیا۔ لڑکی معقول تنخواہ حاصل کر رہی تھی اور لڑکے کو نوکری ملنے کی قوی اُمید تھی۔

مگر لڑکی کے والد تو نوٹوں کی گڈیاں دیکھنے کے آرزومند تھے۔ لڑکی اُن کی تشویش کو بھانپ گئی اور والد کو سمجھائی کہ تنخواہ بینک میں راست چلی جاتی ہے اور وہ اپنا چھوٹا سا پلاسٹک کارڈ استعمال کرتے

ہوئے جتنی رقم اس کو درکار ہے دن رات کبھی بھی نکال سکتی ہے۔ والد صاحب خاموش تو ہو گئے مگر یہ عجیب طریقہ کار اُن کو پسند نہیں تھا۔ تنخواہوں کی بڑی بڑی فائلس دکھانے کے بجائے وہ بینک کی چھوٹی چھوٹی چٹھیاں دکھا رہی تھی اور اپنے سیل فون پر جہاں کتاب دکھا رہی تھی تو اُن کو قطعی پسند نہیں تھا۔ اب لڑکے والے منگنی کے پہلے دس لاکھ کا مطالبہ وہ بھی نوٹوں بھری کشتیاں مٹھائی کے ساتھ دیکھنا چاہ رہے تھے۔ لڑکی کو یہ تمام طور طریقے دقیانوسی نظر آرہے تھے اور وہ اُن کو رقم چیک کے ذریعہ دینا چاہ رہی تھی جس کو نامنظور کیا گیا۔ بحالت مجبوری لڑکی کی مرضی کے خلاف یہ شرط بھی پوری کرنی نہیں پڑی۔ خیر یہ مرحلہ بخیر وخوبی پورا ہو گیا۔ گو کہ یہ لڑکی بھی گاؤں والی ہی تھی مگر ملازمت کی جگہ اُس کی دوستی دوسری لڑکیوں سے ہوئی جو کافی رقم بہترین فیشن ایبل ملبوسات پر خرچ کرنی تھیں اور Beauty Parlour وغیرہ پابندی سے جایا کرتی تھیں۔ اس لڑکی کو ضروری ہو گیا تھا کہ وہ اپنی ساتھیوں کی طرح فیشن ایبل نہیں اور ظاہر ہے اُس کی آمدنی کا زیادہ حصہ ان لوازمات پر خرچ ہو جاتا تھا اس کے والد کو کوئی اندازہ نہیں تھا کہ یہ لباس وغیرہ کتنے قیمتی ہوا کرتے ہیں۔ اگر اُس کے والد والدہ کو پتہ چلے تو اخراجات سن کر بے ہوش ہو جائیں گے۔ پھر بھی ماں بہت حد تک اپنی لڑکی کی نئی فکر کو سمجھتی تھی۔

دس لاکھ روپئے وصول ہونے کے بعد لڑکی اور لڑکا Facebook پر تبادلہ خیالات اور تصاویر کا سلسلہ شروع کئے۔ آہستہ آہستہ لڑکی یہ محسوس کرنے لگی کے دونوں کے خیالات میں زمین آسمان کا فرق ہے۔ دونوں تعلیم کے حد تک تو برابر کے تھے اور لڑکی روزگار سے لگی ہوئی تھی اور لڑکا بے روزگار۔ مگر پھر بھی اُس کی گفتگو میں عجیب قسم کے اور مہمل سے اعتراضات تھے۔ سب سے پہلا اعتراض کا تعلق فیشن ایبل لباس کے تعلق سے تھا۔ اُس کا کہنا تھا کہ اتنا عریاں اور ماڈرن لباس پہن کر تم میرے گھر نہیں آسکتی گو کہ لباس عریاں کی تعریف میں نہیں آتا تھا لڑکی نے سمجھانے کی کوشش کی کہ وہ ایک ترقی یافتہ کمپنی میں اہم عہدے پر مامور ہے اور اس کے لئے خوش پوشاکی ضروری ہے وہ دقیانوسی لباس پہن کر کسی کو صورت دکھانے کے قابل نہیں رہے گی۔ بہر حال اس قسم کی تو تو میں

میں کا سلسلہ چلتا رہا اور شادی کی تاریخ قریب آنے لگی۔ لڑکی اُس سے بات کرنے سے ڈرنے لگی کیونکہ خوشگوار گفتگو نہیں ہوا کرتی تھی۔ ہاں ان حالات سے واقف تھی اور ظاہر ہے اسے شوہر کو بھی مطلع کرنا ہی ہوگی مگر بیچارے کریں تو کیا کریں۔

اس تذبذب میں لڑکی ماں کو لے کر مشورے کیلیئے آہی گئی۔ اُس کا کہنا تھا کہ اگر ہم دس لاکھ روپے جوڑے کی رقم نہ دیئے ہوتے تو بغیر کسی جھجک کے اس رشتے کو خیرباد کہہ دیئے ہوتے۔ مگر اب تو گردن اس رشتے میں پھنس گئی؟ کریں تو کیا کریں والد کو جب معلوم ہوا کہ لڑکی رشتے کے تعلق سے متفکر ہے تو وہ بیچاری بھی پریشان ہونے لگا مگر آخر کریں تو کیا کریں۔ والد اور والدہ لڑکی کو سمجھانے لگے کہ شادی کے بعد جب اولاد ہو جائے گی تو میاں بیوی میں رشتے بہتر ہوتے جائیں گے۔ مجھے تو پتہ چل گیا تھا کہ شوہر سخت مزاج ہے اور رہے گا۔ شادی کے قبل ہی وہ شرائط رکھنے لگا تو شادی کے بعد بیوی پر حکومت کرے گا۔ پھر میں نے پوچھا "آپ لوگوں کے پاس دوسرا مناسب رشتہ ملنا کتنا آسان یا مشکل ہے" ماں کہنے لگی کہ بہت مشکل ہے اب یہ سنگین مسئلہ درپیش ہوگیا۔ اچھے رشتے آسانی سے نہیں ملتے ہیں۔ پھر لڑکی کے رویے میں میں نے دیکھا کہ کافی لچک تھی۔ وہ حالات سے معاہدے کرنے کے لئے تیار تھی مگر جبر و تشدد کو وہ برداشت کرنے کے قابل نہیں تھی۔ پھر میں نے کہا کہ چونکہ اس کو بہ آسانی یہاں پر ملازمت نہیں مل رہی ہے تو دعا کرو کہ خلیج میں کہیں مل جائے تو مڈبھیڑ کے مواقع کم ہو جائیں گے۔ مگر وہ باہر ملازمت نہیں کرنا چاہتا تھا۔ لڑکی نے کہا کہ اس نے اس سے کہا کہ وہ اُس کی مرضی کے مطابق اس کے گھر میں کپڑے پہنے گی مگر دفتر اور اپنے گھر میں اُس کو اپنی مرضی کے مطابق رہنے کی آزادی ہونی چاہئے تو اس نے مراسلت منقطع کر دیا۔

میں نے مشورہ دیا کہ اب موقع آگیا ہے کہ اس معاملے کو بزرگوں میں شادی سے پہلے لیجانا چاہئے اور اس پر باہمی گفتگو ہونی چاہئے۔ چنانچہ یہ لوگ ایسا ہی کئے اور اُس کے بعد ایسا محسوس ہوا کہ لڑکے کا رویہ کچھ نرم پڑ رہا تھا۔ کم از کم اتنا تو ہوا کہ یہ بات دونوں میں رہنے کے بجائے پورے خاندان والوں کے علم میں آگئی اور اس بات کا بھی اظہار ہو گیا کہ لڑکی اس رویے سے ناخوش ہے۔ ظاہر ہے اس کا

کچھ اچھا ہی اثر ہو گا۔ یہی بڑے پیچیدہ مسائل ہیں جو آج کل کی شادیوں میں دیکھے جا رہے ہیں۔ اس کو سمجھنا چاہئے اور چونکہ والدین مل ملا کر رشتہ منتخب کرتے ہیں تو ان اُلجھن پیدا کرنے والے مسائل پر بھی شادی سے پہلے غور کر لیا جائے تو بعد میں کشیدگیاں کم ہو سکتی ہیں۔

مزاجوں کی موزونیت پر غور کرنا چاہئے۔ لوگوں کو خاص طور سے لڑکی والوں کو خدشہ لگا رہتا ہے کہ زیادہ کریدنے سے اگر کوئی غیر موزوں بات سامنے آجائے تو رشتہ برقرار نہیں رہے گا۔ میں نے لڑکی اور اُس کی ماں سے کہا کہ وہ بزرگوں کے سامنے یہ بات بھی رکھ دیں کہ شادی کے بعد دو سال تک کم از کم اولاد نہیں ہونی چاہئے۔ کافی غور و خوض کے بعد میں یہ بات کہہ رہا ہوں۔ دو سال کے اندر میاں بیوی ایک دوسرے کو سمجھنے لگیں گے اور دونوں خاندانوں کے درمیان خوشگوار تعلقات رہنے لگیں گے۔ آج کل کی تعلیم یافتہ لڑکیوں کے مزاج کو اگر اُن سے شادی کے خواہاں لڑکے اور اُن کے خاندان والے نہ سمجھیں تو غیر ضروری اختلافات اور علیحدگیاں شروع ہو سکتی ہیں۔ تمام مسائل یکساں نہیں ہوا کرتے ہیں اس لئے ان بے جوڑ رشتوں کے لئے کوئی ایک حل نہیں ہوتا ہے۔ ہر فرد جداگانہ شخصیت کا حامل ہے اس کو سمجھنا ضروری ہے۔

☆☆☆

The dilemma of relationship. by: Dr. Majeed Khan
TaemeerNews, Dated: 11-05-2014

مضمون: ۱۳

شرافت و قابلیت - ایک نایاب نسخۂ کیمیا

زبیر حسن شیخ

شرافت کی تعریف عام بول چال کی زبان میں یوں تو بڑی سادہ اور آسان سی ہے لیکن فی الحقیقت اس میں گہرے رموز و نقاط پوشیدہ ہیں اور یہ ایک وسیع المعنی صفت ہے- صفت شرافت کسبی ہے یا وہبی، عارضی ہے یا مستقل, محتاج تصدیق ہے یا محتاج تفتیش، ان سب کا دارو مدار شخصیت، حالات اور واقعات پر ہوتا ہے- اس میں کوئی شبہ نہیں کہ انفرادی طور پر انسان کے لئے اور اجتماعی طور پر خاندان، جماعت، معاشرہ، ملک اور من جملہ نظام حیات کے لئے شرافت کا کوئی نعم البدل نہیں- لیکن اس حقیقت سے بھی انکار نہیں کیا جاسکتا کہ شرافت فی نفسہ نظام حیات کے کامیاب نفاذ کے لئے تنہا اکسیر ثابت نہیں ہوسکتی اور قابلیت یا اہلیت کی محتاج رہتی ہے- اور یہی حقیقت قابلیت کی بھی ہے کہ وہ بنا شرافت غیر مکمل، ناپائیدار، غیر مثبت اور نقصاندہ ثابت ہوسکتی ہے- کارخانۂ حیات کے جاری و ساری رہنے کے لئے مختلف اقسام کی قابلیت و اہلیت درکار ہے، مختلف اداروں اور تنظیموں کے لئے لاکھوں اقسام کے قابل اہل علم و فن کی خدمات درکار ہیں، اور قابلیت اور اہلیت کے بغیر اس کارخانہ حیات کا عروج اور تہذیبی ارتقا کا تصور بھی محال ہے- با ایں ہمہ، نظام حیات کے کامیاب نفاذ اور کارخانہ حیات میں مثبت نتائج پیدا کرنے کی یقین دہانی صفت قابلیت نہیں کرسکتی، اور نہ ہی عدل و انصاف اور بھلائی کی یقین دہانی کرسکتی ہے، ایسی یقین دہانی کے لئے شرافت کا ہونا اشد ضروری ہے، تاکہ قابلیت سے پیدا ہونے والے ممکنہ منفی اثرات سے انسانیت کی حفاظت ہو، انسانی تہذیب و تمدن کو عزت و وقار حاصل ہو، اور قابلیت سے پیدا ہونے والے منفی اثرات کو

شرافت سے مثبت کرلیا جائے، کیونکہ یہ کمال صفت صرف شرافت میں پائی جاتی ہے- وقار واحترام سے عاری تہذیبی ارتقا کا ثبوت موجودہ مادی دور میں ہر جگہ نظر آتا ہے جو خالص قابلیت اور اہلیت کی بنیاد پر رواں دواں ہے، اور جو نتائج سے بے خبر، بے پرواہ، اور تمام تر برائیوں سے لیس ہے- اس ترقی کی رفتار بھی دن بدن تیز تر ہوتی جارہی ہے اور بے قابو بھی- اب اسے قابو میں کرنے کے لئے شرافت کا اعلی تناسب از حد ضروری ہوگیا ہے، اور یہ جتنا زیادہ ہوگا اتنی ہی قابلیت کو کامیابی حاصل ہوگی اور مثبت نتائج بر آمد ہونگے، اور جو عدل وانصاف پر مبنی ہونگے-

تاریخ اور لغت کے اعتبار سے صفت شرافت مفرد اور مرکب دونوں طرح مستعمل رہی ہے اور اس کے معنی شریف النفسی، بزرگی، اچھائی، نیکی سے لئے جاتے ہیں اور کئی دیگر صفات کی اس سے مطابقت بھی ثابت ہے، جیسے رحمدلی، انسانیت، رواداری، ایمانداری، حلم، پرہیزگاری، زہد و تقوی، بے غرضی، حسن اخلاق وغیرہ.... ادبی نقطہ نظر سے شرافت طنز و مزاح، تشبہ اور بطور استعارہ بھی مستعمل ہے- مذہبی عقاید اور آسمانی صحائف کے مطابق شرافت کی صفت یوں تو انسان میں ودیعت کردہ ہے اور انسان پیدائیشی طور پر شریف النفس واقع ہوا ہے، اور شرافت کے بیج اسکی زرخیز مٹی کا حصہ ہیں، صرف انسان کو اسکی آبیاری اور اسے پروان چڑھانے اور پھیلانے کی ضرورت ہے اور اس کا انسان کو مکمل اختیار دیا گیا ہے- بے شمار معلوم و غیر معلوم صفات کی بنا پر انسان اشرف المخلوقات کہلاتا ہے، جس میں صفت شرافت بشمول مذکورہ بالا تمام معنوں کے شامل ہے- دیگر کئی ودیعت کردہ صفات کی طرح صفت شرافت بھی انسان کو دیگر مخلوقات سے ممیز کرتی ہے- جمادات اور جانوروں میں صفت شرافت کے پائے جانے کے امکانات غیر منطقی ہیں گرچہ بطور تمثیلات اس کا اطلاق جانوروں کی صفت بیان کرنے میں بھی کیا جاتا ہے- اسی طرح شیطان میں بھی شرافت کا وجود بے معنی اور غیر منطقی ہے اور شیطانیت شرافت کی ضد واقع ہوئی ہے- گرچہ آسمانی صحائف سے اس بات کا اشارہ ملتا ہے کہ شیطان اپنے وجود کے ابتدائی دور میں شرافت کا حامل رہا ہوگا، اور پھر تکبر، حسد اور نافرمانی جیسی خامیوں کے باعث شرافت کا وصف اس سے جاتا رہا ہوگا، اور پھر وہ کبھی اس

وصف سے بہرہ مند نہ ہو سکا ہو گا، بلکہ اپنی ضد میں صفت شرافت کی ضد ثابت ہو گیا- اس سے یہ نکتہ بھی سامنے آتا ہے کہ شرافت کی پرورش ضروری ہے اور یہ ودیعت کردہ وصف مذکورہ خامیوں کی بنا پر زائل بھی ہو سکتا ہے- شیطان کے علاوہ وہ ماورائی مخلوق جو انسانوں کی طرح قضا و قدر، اور اختیار و جوابدہی سے مستثنیٰ نہیں ہیں ان میں شرافت کا پایا جانا ممکن ہی نہیں بلکہ ضروری ہے- مخلوقات کی دو قسم ایسی ہے جن میں ایک ملائکہ اور دوسرے انسان، جن پر شرافت کی صفت کا اطلاق اتم ہوتا ہے، اور جس کی بنا پر یہ دونوں تمام مخلوقات میں افضل قرار دئے جاتے ہیں- ان میں انسان ملائکہ سے افضل قرار دیا گیا ہے لیکن اس افضلیت کا اطلاق انفرادی طور پر نہیں بلکہ مجموعی طور پر ہوتا ہے- عموما کوئی انسان تن و تنہا اس افضلیت کا دعویدار نہیں ہو سکتا، الا اسکے کہ کوئی اپنے اندر وہ تمام خصوصیات رکھتا ہو جو اشرف المخلوقات ہونے کی کسوٹی پر پوری اترے-

قابلیت بھی ایک وسیع المعنی صفت ہے لیکن برعکس شرافت کے محدود اثرات کی حامل ہے، گرچہ یہ ہر ایک نقطہ نظر سے کسبی ہے اور شدید خواہشات، محنت و مشقت، مسلسل لگن، علمیت، صلاحیت، تجربہ، پیشہ، عبور، مشاقی کی آئینہ دار ہوتی ہے- ہر ایک مخلوق میں اسکے حصول اور فروغ کا مادہ رکھا گیا ہے اور اس کی چند اقسام ایسی بھی ہے جو موروثی ہے، اور نسل در نسل فروغ پاتی ہے- شیطان کی مذکورہ مثال سے یہ بھی ثابت ہوتا ہے کہ شیطانیت بھی اپنے اندر قابلیت رکھتی ہے مگر منفی اور نقصان دہ رکھتی ہے- صفت قابلیت منفی یا مثبت ہو سکتی ہے اور اسی مطابقت سے اپنا اثر بھی قائم کرتی ہے جبکہ صفت شرافت فی نفسہ منفی نہیں ہوتی اور صرف مثبت اثر رکھتی ہے، بلکہ اس کا اعلیٰ تناسب منفی قابلیت کو بھی مثبت بنا دیتا ہے...... اور یہی وہ کیمیا ہے جو کارخانہ حیات میں مثبت اور دیرپا کامیابی کی دلیل ہے، پھر چاہے اس کا استعمال نظام مملکت یا سیاست کے لئے ہو یا نظام خاندان کے لیے یا دین و مذہب کے لئے یا نظام تعلیم و تدریس کے لئے یا پھر تجارت کے لئے- اس نقطہ نظر سے ظاہر ہے یہ مرکب جرائم اور گناہ اور منفی اعمال کو انجام دینے میں موثر نہیں ہو سکتا، بلکہ یہ مرکب منفی اثرات کو زائل کر مثبت اثرات پیدا کر سکتا ہے- یہ امر بھی قابل غور ہے کہ

مذکورہ دونوں صفات میں سے کوئی ایک صفت اکسیر اعظم یا نسخہ کیمیا نہیں ہو سکتی- شرافت بنا قابلیت مثبت کامیابی کے بے حد قلیل امکانات رکھتی ہے مگر مکمل ناکامی کے امکانات بلکل بھی نہیں رکھتی جبکہ قابلیت بنا شرافت بھلے ہی کامیابی کے امکانات رکھتی ہو لیکن نقصان دہ کامیابی کے امکانات زیادہ رکھتی ہے- شرافت و قابلیت کی کیمیا اکسیر ہوتی ہے اور بہترین اور دیرپا نتائج بر آمد ہوتے ہیں اور قرون خیر کی تاریخ اس نسخہ کیمیا کی گواہ ہے-

تمہید کے پس منظر میں یہ بات واضح ہو جاتی ہے کہ فی الحقیقت شرافت و قابلیت ایک نسخہ کیمیا اور اکسیر اعظم ہے- لیکن سوال یہ ہے کہ یہ موجودہ دور میں نایاب کیوں ہے، خاصکر جب یہ انسانی تہذیبی ارتقا کا سب سے سنہرا دور کہلایا جاتا ہے؟ قابلیت کے منفی اثرات سے ہی آج کارخانہ حیات میں فتنہ و فساد برپا ہے اور اس کا سد باب کیا جانا ضروری ہے- قابلیت شرافت کی محتاج نہیں ہوتی لیکن نظام حیات کے نفاذ کے لئے صرف قابلیت پر انحصار کرنا خطرناک ہے، اور اس کا ثبوت تہذیب جدیدہ میں مختلف صورتوں میں نظر آتا ہے، کہیں قابلیت کو شرافت بنا کر پیش کیا جاتا ہے اور کہیں شرافت کو قابلیت- ان متضاد کیفیات اور حالات سے منفی نتائج ظاہر ہو رہے ہیں- غور طلب بات یہ ہے کہ تہذیب جدیدہ میں شرافت یا شریف آدمی کی جو تعریف پیش کی گئی ہے وہ بے حد محدود ہے، اور اس میں اخلاق، بناؤ سنگھار، برتاؤ اور دکھاوے کے آداب اور خوش گفتاری کا زیادہ دخل ہوتا ہے اور روحانیت کا عمل دخل نہ ہونے کے برابر ہوتا ہے- کہیں اہلیت اور قابلیت کے کڑے پیمانے ہیں اور جس سے سمجھوتہ نہیں کیا جاتا اور کہیں شرافت کے سخت پیمانے ہیں اور جن سے سمجھوتہ بہ آسانی کر لیا جاتا ہے-

عالمیت اور جہانگیریت کے اس نام نہاد مادی دور میں یوں تو نظام حیات کی اکثر و بیشتر ضروری اشیاؤں کو اور مختلف اصول و ضوابط کو ایک عالمی معیار اور پیمانہ عطا کیا گیا ہے، اور اس میں قابلیت اور اہلیت کے پیمانے بھی شامل ہیں، لیکن شرافت کا عالمی پیمانہ یا ایک عالمی کسوٹی متعارف کرنے سے احتراز برتا گیا ہے، جبکہ اس کا ہونا بے حد ضروری ہے- افسوس کہ یہ کسوٹی موجود نہیں ہے اور جس کی وجہ

سے آج کارخانہ حیات کے اکثر زمرے ، اکثر شعبے اہلیت اور قابلیت پر منحصر ہیں ، اور جن میں شرافت کا یا تو عنصر بلکل بھی موجود نہیں ہے یا پھر موجود ہے تو وہ تناسب موجود نہیں جو مثبت نتائج فراہم کرے۔اور جس کا انجام آج دنیا دیکھ رہی ہے۔اسکی بہت سی وجوہات ہیں لیکن ایک خاص وجہ یہ کہ صفت شرافت کو عقائد اور اخلاقیات کی کسوٹی پر پرکھا نہیں جاتا بلکہ دولت، حکومت، سیاست اور تجارت کے ترازو میں تولا جاتا ہے۔جس کا یہ نتیجہ ہوا ہے کہ شرافت کا روحانیت سے کوئی سروکار نہ رہا اور یہ مادیت کے پیمانوں پر اس قدر تولی جا چکی ہے کہ اپنی اصلیت اور اپنا رنگ و روپ کھو چکی ہے اور اب نئی نسلوں کو یہ غلط رنگ میں نظر آرہی ہے۔

کارخانہ حیات کے مختلف شعبوں میں شرافت و قابلیت کی کیمیا کا اگر اجمالی تجزیہ کیا جائے تو محسوس ہوتا ہے کہ انسانی تہذیبی ارتقا کس سمت گامزن ہے۔حکومت و سیاست میں شرافت کا تناسب نہ کے برابر ہے اور قابلیت اور اہلیت دونوں کی جدید تعریف لکھ دی گئی ہے، جس کے نتائج اظہر من الشمس کی طرح عیاں ہیں۔میدان تجارت میں قابلیت و اہلیت کا تناسب بے حد قوی ہے اور شرافت کو مسخ کر اسے قابلیت میں ضم کر دیا گیا ہے۔۔۔ تعلیم و تدریس کے شعبے میں اسقدر انتشار برپا ہے کہ شرافت اور قابلیت میں فرق کرنا محال ہے، اور اس کا یہ اثر ہوا ہے کہ علم و ادب میں وقت کے ساتھ ساتھ شرافت و قابلیت کی تعریف ہی بدل کر رکھ دی گئی ہے، اور ایسے تمام شعبے سیاست کے زیر اثر فروغ پارہے ہیں جس کے منفی اثرات نظام حیات کے دوسرے حصوں پر بھی نمودار ہو رہے ہیں۔فنون لطیفہ اور ذرائع ابلاغ میں کبھی شرافت کو قابلیت بنا کر دکھایا جاتا ہے تو کبھی قابلیت کو شرافت، اور کارخانہ حیات کا یہ شعبہ جو تہذیب جدیدہ کا علمبردار ہوا کرتا تھا اب سیاست و تجارت کا زرخرید غلام ہے، جسکے اثرات گھر گھر نمایاں ہیں، اور جس نے اب گھر کو گھر نہیں رہنے دیا، وہ گھر جو کبھی ابتدائی درس گاہ ہوا کرتے تھے اور جہاں یہ کیمیا گھٹی میں پلائی جاتی تھی، وہاں بلا امتیاز منفی و مثبت اہلیت اور قابلیت کا سبق پڑھایا جاتا ہے۔دین و مذہب کے میدان میں شرافت کا تناسب کہیں اتنا حاوی ہے کہ قابلیت کا فقدان نظر آتا ہے اور کہیں ان میں جوار بھاٹا کی سی کیفیت نظر آتی ہے جس

سے قابلیت اور شرافت دونوں بھی عیاں نہیں ہو پاتی۔ اس پس منظر میں شرافت اور قابلیت انفرادی طور پہ جس طرز سے پروان چڑھ رہی ہے وہ اس مادی دور میں کسی تفصیل کی محتاج نہیں اور شرافت اور قابلیت کا مستقبل تاریک نظر آتا ہے۔اس کا سدباب کرنے کے لئے گھریلو تربیت ہی ایک ایسا میدان باقی رہتا ہے جہاں نئے سرے سے شرافت اور اہلیت کی کیمیا کو موثر طور سے پروان چڑھایا جا سکتا ہے، جس کا اثر آنے والے وقتوں میں ایک تدریجی عمل سے گزر کر کارخانہ حیات کے تمام شعبوں میں رفتہ رفتہ نظر آئیگا۔ لیکن یہ ابتدائی درس گاہ ایسے والدین چاہتی ہے جو معلم اور اتالیق کا کردار بھی نبھائیں، خود تعلیم یافتہ ہوں اور شرافت و قابلیت کے نایاب نسخۂ کیمیا کے حامل ہوں، تاکہ آنے والی نسلوں میں یہ نایاب نسخۂ کیمیا پایا جائے، تاکہ مستقبل میں کارخانہ حیات صرف قابلیت پر منحصر ہو کر نہ رہ جائے۔

قابلیت کیا ہے؟ علمیت، تجربہ اور مشاقی کا ظہور
شرافت کیا ہے؟ حسن اخلاق سے ایماں کا عیاں ہونا

☆☆☆

Decency and Efficiency, a rare meritorious combination. by: Zubair H Shaikh
TaemeerNews, Dated: 11-05-2014

مضمون: ۱۴

ہندوستانی معاشرت پر چند باتیں

قرۃالعین حیدر

تاریخ، تہذیب اور معاشرت قرۃالعین حیدر کی دلچسپی کے خصوصی موضوعات تھے۔ انہوں نے اپنے افسانوی مجموعہ "قندیل چین" (مرتبہ: جمیل اختر۔ ناشر: قومی اردو کونسل، نئی دہلی) کے طویل دیباچے میں اپنے ان افکار کو مخصوص و دلچسپ پیرائے میں قلم بند کیا ہے۔ اس تحریر کا ایک ٹکڑا یہاں پیش ہے۔

بشکریہ: ماہنامہ "آجکل"۔ شمارہ: نومبر ۲۰۰۷ (قرۃالعین حیدر نمبر)

دراصل ہم اردو والوں نے ایک خیالی جنت آباد کر رکھی ہے۔ پانچ سو ایک یا ایک ہزار کتابوں کا ایڈیشن شائع ہوتا ہے تو ہم سمجھتے ہیں کہ ساری دنیا نے ہماری تصنیف کا مطالعہ کر لیا ہے۔ ترقی پسند ادیب بڑے جوش و خروش سے عوامی ادب کی بات کرتے تھے۔ لیکن وہ عوام محض ان ہی کی طرح کے چند سو آرمڈ چیئر انٹلکچوئیل تھے۔ اصل عوامی ادب وہ تھا جو شمع اور بیسویں صدی میں شائع ہوتا تھا اور اب تو وہ رسالے بھی کب کے بند ہو چکے ہیں۔ لیکن مجھے اپنے اسکول کا وہ زمانہ یاد ہے جب غیر منقسم ہندوستان میں لاہور ایک انتہائی بارونق شہر تھا۔ جس میں مسلمان، ہندو اور سکھ تینوں فرقوں کے جیالے نہایت جوش و خروش اور انبساط کے ساتھ اردو کی آبیاری کرنے میں مصروف تھے۔ ادبی رسالے نیرنگ خیال عالم گیر، ہمایوں، ادبی دنیا، ادب لطیف اور ان کے ساتھ جہازی سائز پر چھپنے والے رنگ برنگے ہفتہ وار۔ جن میں سے "چترا ویکلی" مجھے اب تک یاد ہے۔ یہ عوامی رسالے بھی

تھے اور ان میں سنجیدہ مضامین بھی شائع ہوتے تھے۔

لاہور مشہور کالجوں کا شہر بھی تھا۔ جس میں گورنمنٹ کالج اور ایف سی کالج یعنی فورمین کرسچن کالج آکسفورڈ یا کیمبرج کے کسی کالج کا درجہ رکھتا تھا۔ تینوں فرقوں کے اہم ترین دانشور اسی کالج سے نکلے۔ ان کے علاوہ دیال سنگھ کالج اور اسلامیہ کالج بھی بہت مشہور تھے۔ لڑکیوں کا کنیرڈ کالج بھی لکھنو کے ازابلا تھوبرن کالج کی ٹکر کا ادارہ سمجھا جاتا تھا۔ دراصل امریکن مشنریوں نے سات سمندر پار انڈیا آکر علم کی روشنی بڑے انہماک سے پھیلائی۔ میرا خیال ہے کہ جتنی محنت اور جانفشانی سے انہوں نے یہاں کالج اسکول اور اسپتال قائم کئے اس کے لحاظ سے ان کو اتنے بپتسمہ حاصل کرنے والے نہیں ملے۔ اگر ہندو یا مسلمان مشنری کسی دور دراز ملک میں جاکر اپنے مذہب کی تبلیغ کرتے اور اس میں انہیں خاطر خواہ کامیابی حاصل نہیں ہوتی تو وہ میدان چھوڑ کر بھاگ گئے ہوتے لیکن یہ یسوع مسیح کے مبلغین ڈٹے رہے اور آج بھی جنگلی قبائل ان کو مار ڈالتے ہیں لیکن ان کے جوش ایمان میں کمی نہیں آتی۔ میں نے ایک امریکن مشنری کالج میں پڑھا ہے اور میں اس کی گواہی دیتی ہوں کہ کبھی ان امریکن خواتین نے بھولے سے بھی اپنے مذہب کی بات نہیں کی بلکہ اس کے برعکس ہندو اور مسلمان لڑکیاں بڑی دھوم دھام سے کالج میں عید اور دیوالی کے تہوار مناتی تھیں۔

دراصل یہ مغربی لوگ پڑھے جن ہیں انہیں معلوم ہے کہ وہ انیسویں صدی کب کی گزر چکی جب اہل مشرق گوروں سے مرعوب تھے۔ اب وہ خود اپنی اپنی تہذیبوں پر بے حد نازاں فرحاں ہیں۔ لیکن ان مشنریوں کو یہ بھی معلوم ہے کہ گو اب انہیں اتنے کنورٹ نہیں ملتے لیکن وہ لوگ اپنے حسن سلوک، اخلاق، ضبط و نظم اور تعلیم کے اعلیٰ معیار کی بدلوت آج بھی اس برصغیر میں بڑی قدر و منزلت کی نگاہ سے دیکھے جاتے ہیں۔ مثلاً مشنریوں نے ان غریبوں کو بپتسمہ دینے کے بعد انہیں صاف ستھرا رہنا سکھایا۔ انہیں تعلیم دی، اچھی تربیت کی اور وہ ایک عام ہندو یا مسلمان نفر سے بہتر شہری ثابت ہوئے۔ مجھے اب تک یاد ہے۔ دہرہ دون میں ہمارا ایک ملازم جس کا نام دولت مسیح تھا کمروں کی صفائی کرنے کے بعد اپنے کوارٹر میں جاکر کپڑے تبدیل کرتا اس کے بعد ایک چوکی پر کھانا

رکھ کر دوزانو بیٹھتا اور بہ آواز بلند کہتا ہمارے آسمانی باپ میں تیرا شکر ادا کرتا ہوں کہ تو نے مجھے آج کے دن اپنی وعدہ کی ہوئی روٹی مہیا کی۔ باپ بیٹا اور روح القدس کے نام پر آمین۔ کرسچین آیائیں ہماری ماماؤں اور اصیلوں کے مقابلے میں بے حد صاف ستھری ہوئی تھیں۔ جس ملک میں پانی کی اتنی فراوانی ہے وہاں صاف نہ رہنے کی عادت کی وجہ میری سمجھ میں آج تک نہیں آئی۔ ہمارے باورچی خانے کیسے ہوتے ہیں۔۔ اللہ اکبر۔۔۔، اگر میں ان کے بارے میں کچھ لکھوں گی تو قارئین کرام خفا ہو جائیں گے۔ بہر حال یہ کہاوت بے بنیاد نہیں تھی کہ پکانے کی جگہ ہندوؤں کی اچھی۔ کھانے کی جگہ انگریزوں کی اچھی اور کھانا مسلمانوں کا اچھا۔۔۔

لیکن بہر حال روس، انگلستان امریکہ وغیرہ کے زیر سایہ ہی ہماری مختلف زبانوں کے ادب ترقی کرتے رہے۔ مشرق کی ساری کولونیل، تہذیب، اینگلو سیکسن ذہن کی بہت حد تک مرہون منت ہے۔ مجھ سے ایک بار ڈاکٹر ملک راج آنند نے کہا تھا کہ اگر کیٹس اور شیلے نہ ہوتے تو رابندر ناتھ ٹیگور بھی نہ ہوتے۔ اردو میں حکایات کا بہت بڑا خزانہ مغربی افسانے سے بالکل علیحدہ اور خود مختار سلطنت تھی۔ لیکن یہ روایت حکایات سے آگے نہیں بڑھی۔

ہر زمانے کا ادب اس دور کی طرز معاشرت اور طریقہ تعلیم کا نمائندہ ہوتا ہے۔ پردے کی روایت ہمارے مشرق کی ایک بڑی اٹل سماجی حقیقت رہی ہے۔ اب ہم نئی قوم پرستی کے جوش میں کتنا ہی کہہ لیں کہ ہماری عورتیں شہ سواری کرتی تھیں۔ اعلی تعلیم یافتہ تھیں وغیرہ وغیرہ اس میں غلو کافی حد تک شامل ہے۔ ہندو اور مسلمان دونوں فرقوں کی عورتیں سماجی پابندیوں میں مقید تھیں۔ محض ارباب نشاط ان قیود سے آزاد تھے۔ اور ان ہی کے یہاں پیرس کے سیلو (Salon) کی طرح ادبی محفلیں منعقد ہوتی رہیں۔ ارباب نشاط نے غزلیں بھی خوب خوب کہیں نوحے اور مرثیے بھی لکھے جنہیں وہ خود اپنے تعزیوں کے ساتھ پڑھتی ہوئی جلوس میں نکلتی تھیں۔ یہ ایک پوری نہایت جاندار اور جگمگاتی ہوئی کلچر تھی۔ سوز خانی کلاسیکل راگوں میں کی جاتی تھی اور ساز کے بجائے مرثیہ خواں کے دونوں طرف بیٹھے ہوئے دو افراد مسلسل تان لگاتے تھے جو بغیر سانس ٹوٹے تان لگانا ایک بے

حد مشکل فن ہے۔ لیکن اہل لکھنو نے سوز خوانی کے فن کو بھی اعلی ترین مرتبے تک پہنچا دیا۔ لکھنو کے علاوہ جون پور اور مرادآباد کے سوز خواں بھی آج تک بڑی شہرت رکھتے ہیں۔

دراصل تعزیہ داری کے پورے رواج نے گائیکی کے علاوہ گھریلو صنعتوں کو بہت فائدہ پہنچایا۔ بھانت بھانت کے تعزیوں کی تیاری اور اکی تزئین میں عجیب وغریب جدتیں شامل کی جاتی تھیں۔ مثلاً گھاس کے تعزیے میں بہت پہلے سے گھاس اور پودے بوئے جاتے تھے۔ ان رسوم کی ادائیگی ہزاروں افراد کی روزی روٹی کا وسیلہ بنتی ہے۔ چند سال قبل میں امروہے گئی وہاں ایک تعزیہ بنتا دیکھا جو دنیا کا سب سے اونچا تعزیہ ہے اسے سال بھر تک تیار کیا جاتا ہے اور شہر کے مفلوک الحال عقیدت مند اہل سنت روزانہ اس کی تیاری میں اپنا یوگ دان دیتے ہیں۔ محرم میں جس روز یہ تعزیہ نکالا جاتا ہے میونسپل بورڈ سے خاص اجازت لے کر ایک راستے کے تار اپنی جگہ سے منتقل کر دئے جاتے ہیں۔ اس بلند ترین تعزیے کو عجائب عالم میں شمار کرنا چاہئے۔ لیکن ہمارے یہاں امروہے سے باہر ہی بہت کم لوگ اس سے واقف ہیں اور پریس اس سے بے نیاز ہے۔ البتہ شیعہ، سنی، جھگڑے کی خبریں جلی حروف میں شائع کی جاتی ہیں۔ مطلب یہ کہ ہمارے یہاں زندگی کے ہر شعبے میں منفی سوچ کارفرما ہے۔ جب کہ اہل مغرب چار سو سال سے مثبت خیالات کے فوائد پہچان گئے ہیں۔

ہندوستان کے محرم اور رام لیلا کے انتہائی جاذب نظر جلوسوں کی مثال ہمیں ایک حد تک مغرب کے رومن کیتھولک ممالک میں دکھلائی دیتی ہے۔ جہاں بی بی مریم کے مجسمے کا جلوس بڑی شان وشوکت کے ساتھ نکالا جاتا ہے۔ ممبئی میں تعزیہ داری کی دھوم دھام دیکھ کر لوک مانیہ تلک نے گنپتی کے جلوس کا آغاز کیا۔ جو اب ایک بہت بڑے تہوار میں تبدیل ہو چکا ہے۔ گنپتی کی مورتیاں بنانے والے کمہاروں کو اس کی وجہ سے بہت فائدہ پہنچا۔ دراصل ہندوستان کے سارے تہوار عوام کے لئے فائدہ مند رہے۔ عید کے لیے سویاں بنانے والے، دیوالی کے مٹھائی فروش، ہولی کے لئے رنگ اور پٹاخے اور مٹی کے کھلونے بنانے والوں کی پوری انڈسٹری قائم ہے۔ شب برات کے لئے آتش بازی بھی اسی میں شامل ہے۔ رکشابندھن کے لئے رنگ برنگی راکھیاں بنائی جاتی ہیں۔ مغرب میں محض ایک

کرسمس کیک۔

لیکن وہ لوگ اپنی اجتماعی زندگی کو نہایت سلیقے سے سجانا اور سنوارنا جان گئے ہیں۔ ہم اپنی اجتماعی زندگی کو جی بھر کر بگاڑنے میں مہارت رکھتے ہیں۔ ہولی اور محرم اگر ساتھ ساتھ پڑ جائیں تو پبلک سہم جاتی ہے کہ اب جانے کتنا سر پھٹول ہو گا۔

کیا محض جہالت اور غربت ہی اس بگڑی ہوئی اجتماعی نفسیات کی ذمہ دار ہے یا اس کی کوئی بنیادی وجوہ بھی ہیں؟ میں نے پہلے کہیں تذکرہ کیا ہے کہ ہماری والدہ کے ایک کزن جو ایک چھوٹی سی ریاست کے نواب تھے ان کے یہاں میں نے بچپن میں دیکھا ہولی کے روز ہلیارے رنگوں کی پچکاریاں لے کر زنانہ محل سرا کی ڈیوڑھی پر آئے اور ہماری بوبو کا دوپٹہ باہر بھیجا گیا جس پر انہوں نے رنگ چھڑکا۔ ان چھوٹی چھوٹی باتوں سے ہماری اس مرحوم تہذیب کی رواداری اور رونق کا کچھ اندازہ کیا جا سکتا ہے۔

اس کی ایک وجہ یہ بھی تھی کہ سیاست خواص و عوام کے ذہنوں پر مسلط نہیں ہوئی تھی۔ ریڈیو ناپید تھا۔ مواصلات کی اس ترقی نے راتوں رات دنیا بدل دی۔ دوسری جنگ عظیم کے آغاز پر حکومت ہند نے اپنے پروپیگنڈے کے لئے ریڈیو کی نشریات میں زبردست اضافہ کیا۔ مجھے یاد ہے مراد آباد کے چوراہوں پر لاؤڈ اسپیکر لگ گئے جہاں سے آل انڈیا ریڈیو کی خبریں نشر کی جاتی تھیں اور اس وقت تک عوام کی بھیڑ وہاں جمع ہو جاتی تھی۔ برادر معظم دہلی سے خبریں پڑھتے محلے میں غل مچ جاتا جلدی آؤ بھیئے چھبو میاں خبریں پڑھ رہے ہیں۔ گویا اب جدید تکنالوجی اور مواصلاتی نظام ہندوستان تک پہنچ چکا تھا۔ ورنہ مجھے یاد ہے میرے بچپن میں پڑوس کے ایک انگریز کے بنگلے سے ریڈیو پر بی بی سی کی میوزک سنائی دیتی تو بہت افسانوی سی بات معلوم ہوتی۔ جنگ عظیم شروع ہوتے ہی حکومت نے اپنی نشریات گھر گھر پہنچادی۔ ان ہی کے ذریعے پبلک میں بے داری کی ایک نئی لہر دوڑی۔ اس وقت کانگریس کی تحریک بھی اپنے عروج پہ تھی۔ اسی زمانے کا یا اس سے ذرا پہلے کا مجھے ایک منظر اچھی طرح یاد ہے۔ ممبئی کے ایک ریلوے اسٹیشن پر میں والدہ کے ساتھ ٹرین کے کمپارٹمنٹ کی ایک

کھڑکی میں بیٹھی ہوئی گریس سوٹ میں ملبوس جناح صاحب والد مرحوم کے ساتھ پلیٹ فام پر ٹہل رہے ہیں۔ اس وقت تک پاکستان کے مطالبے کا اعلان نہیں کیا گیا تھا اور جناح صاحب قائد اعظم نہیں کہلاتے تھے۔

پشاور اور چٹا گانگ تب ہندوستان ہی کے شہر تھے۔ اس کے چند سال بعد کالج میں ہماری ایک کلاس فیلو ریکھا چکرورتی کہا کرتی تھی وہ چھٹیوں میں اپنے وطن ڈھاکہ جارہی ہے۔ اس کے والد شاید چیف انجینئر تھے اور فیض آباد روڈ پر ہمارے پڑوس میں رہتے تھے۔ ریکھا اب بحیثیت مسز مکھرجی شاید ممبئی میں رہتی ہے۔ جہاں اس کے شوہر ہندوستانی بحریہ کے کمانڈر ان چیف کی حیثیت سے ریٹائر ہوئے ہیں۔ ڈھاکہ اب ریکھا کے لئے اس کا وطن نہیں رہا۔ زمانے کا جن کیسی کیسی قلابازیاں کھاتا رہتا ہے اور اگر دیکھا جائے تو فرق کسی چیز سے کچھ نہیں پڑتا۔

سلسلۂ روز و شب ، نقش گر حادثات
سلسلہ روز و شب اصل حیات و ممات
سلسلہ روز و شب ، تار حریر دو رنگ
جس سے بناتی ہے ذات اپنی قبائے صفات
سلسلہ روز و شب ساز ازل کی فغاں
جس سے دکھاتی ہے ذات زیرو بم ممکنات
تجھ کو پرکھتا ہے یہ مجھ کو پرکھتا ہے یہ
سلسلہ روز و شب صیرفی کائنات

☆☆☆

A few words on Indian society. by: Qurratul Ain Haider.
TaemeerNews, Dated: 23-09-2022

مضمون: ۱۵

تصوف کی اہمیت خصوصیت عالمگیریت اور اثرات

پروفیسر یوسف سلیم چشتی

تصوف کی اہمیت:

انسان کی عقلی اور روحانی زندگی میں تصوف کی اہمیت کا اندازہ اس بات سے ہو سکتا ہے کہ عصر حاضر کا مشہور فلسفی برٹرینڈ رسل (Russell) جس کے بارے میں کوئی شخص یہ نہیں کہہ سکتا کہ وہ تصوف کا حامی ہے، یہ کہتا ہے کہ:

"دنیا میں جس قدر عظیم ترین فلسفی گزرے ہیں سب نے فلسفے کے ساتھ ساتھ تصوف کی ضرورت کا بھی اعتراف کیا ہے۔ دنیائے افکار میں انتہائی بلند مقام صرف سائنس اور تصوف کے اتحاد سے حاصل ہو سکتا ہے۔ بہترین انسانی خوبیوں کا اظہار صرف تصوف ہی کے ذریعے سے ممکن ہے۔"

رسل نے اپنے دعوے کے ثبوت میں حسب ذیل فلاسفہ کے نام بطور مثال پیش کئے ہیں۔ ہر قلیطوس، پارمینائڈیز، افلاطون اور اسپنوزا۔ ظاہر ہے کہ یہ فہرست جامع نہیں ہے اس لئے چند اسماء کا اضافہ کئے دیتا ہوں مثلاً برونو، ہیگل، برگساں اور وہائٹ ہیڈ۔

تصوف کی خصوصیت:

تصوف کی سب سے بڑی خصوصیت جو اس دنیا کے دوسرے تمام علوم وفنون سے متمیز کر دیتی ہے یہ ہے کہ اس کی بدولت خدا، انسان کا محبوب بن جاتا ہے۔

یہاں اگر کسی کو یہ شبہ لاحق ہو کہ مذہب بھی خدا سے محبت کا سبق سکھاتا ہے تو اس کا جواب یہ ہے کہ اسی لئے تو میں نے ابتدائی بحث میں یہ لکھا ہے کہ تصوف، مذہب کی روح ہے، جب کوئی مذہبی

آدمی، خدا سے محبت کرنے لگتا ہے تو وہ تصوف کے دائرے میں داخل ہو جاتا ہے۔

تصوف کا طریقہ:

ہر مذہب، ہر قوم، ہر ملک اور ہر دور کے تصوف کا طریق کار ایک ہی رہا ہے، یعنی عشق۔ اگر خدا محبوب ہے اور انسان محب ہے تو لا محالہ محبوب کے حصول کا طریقہ محبت (عشق) ہی قرار پا سکتا ہے۔ دوسرا کوئی طریقہ نہیں ہے اور نہ ہو سکتا ہے۔

عشق کیا ہے ؟ اس کی ماہیت، نوعیت اور خاصیت کیا ہے ؟ ان تمام باتوں کی تفصیل آگے درج کی جائے گی۔

تصوف کی عالمگیریت:

مذہب کی طرح تصوف بھی ایک عالمگیر صداقت ہے۔ اس کی وجہ یہ ہے کہ تصوف، جیسا کہ مذکور ہو چکا ہے، مذہب کی روح ہے۔ تصور مذہب سے کوئی قوم خالی نہیں ہے، اس لئے تصوف بھی ہر قوم میں کار فرما رہا ہے۔ اللہ کے طالبین ہر زمانے میں، ہر قوم میں موجود رہے ہیں اور قیامت تک رہیں گے۔

اصول تصوف کی یکسانیت:

تصوف کے اصول اور مبادی ہر قوم میں یکساں رہے ہیں۔ ہر صوفی دراصل عاشق ہوتا ہے اس لئے ہر قوم اور ہر ملک کے تصوف کا دارومدار عشق و محبت ہی پر ہے۔ فرق جو کچھ نظر آتا ہے وہ صرف ظاہری اوضاع و رسوم میں ہے۔ مثلاً جب عید کے دن کسی شہر کے مسلمان عید گاہ کی طرف جاتے ہیں تو ایک آدمی پیدل عید گاہ جاتا ہے، دوسرا بیل گاڑی میں، تیسرا فٹن میں، چوتھا موٹر میں۔ ان کی وضع ظاہری اور رفتار میں تو فرق نظر آتا ہے مگر منزل مقصود چاروں کی ایک ہی ہے، اور جذبۂ محرکہ (داعیۂ باطنی) بھی ایک ہی ہے۔

الغرض صوفی خواہ ہندو ہو یا مسلمان، مقصود دونوں کا ایک ہی ہے، مگر ان کے عقائد مذہبی، شعائر مذہبی اور رسوم مذہبی میں اختلاف کی وجہ سے دونوں کے مزاج میں فرق ضرور پیدا ہو جاتا ہے۔ مثلاً

ہندو کا تصوف اسے ترک دنیا کی طرف مائل کر دیتا ہے لیکن مسلمان کا تصوف اسے خدمت خلق پر آمادہ کرتا ہے۔ اس کی وجہ یہ ہے کہ ہندو کی نگاہ میں یہ سنسار 'بندھن' ہے، مگر مسلمان کی نظر میں یہ دنیا "مزرع آخرت" ہے۔ یہی وجہ ہے کہ اسلامی تصوف میں "سنیاس" (ترک دنیا) کی نہ تعلیم دی جاتی ہے اور نہ دی جاسکتی ہے۔

فی الجملہ تصوف کے بنیادی اصول جو ہر ملک اور قوم کے تصوف میں یکساں طور پر مسلم ہیں، حسب ذیل ہیں:

ا۔ حقیقت، واحدہ ہے، صرف ایک ہے، لاشریک ہے، وحدۃ مطلقہ ہے۔ اسی کو صوفی الحق سے تعبیر کرتا ہے۔

۲۔ یہ حقیقۃ واحدہ، زبان اور بیان، تحریر اور تقریر کی گرفت سے باہر ہے۔ ہم اسے بذریعہ الفاظ، بیان نہیں کرسکتے۔ بقول نظامی:

دور بنانِ بارگاہ الست
جز ازیں پے نبردہ اند کہ ہست

۳۔ روح انسانی، اگرچہ باعتبار تعین، غیر حق ہے مگر باعتبار وجود، عین حق ہے۔ روح کو موجودہ اصطلاح میں خودی اور حق کو خدا کہتے ہیں۔ اور صوفیہ کا عام دستور ہے کہ اختصاراً اپنا بنیادی عقیدہ بایں طور بیان کرتے ہیں کہ خودی عین خدا ہے۔ اس کا مطلب دراصل وہی ہے جو سطور بالا میں مذکور ہے کہ خودی، باعتبار وجود عین خدا ہے مگر باعتبار تعین، غیر خدا ہے۔ صوفی جب کبھی عینیت کا اثبات کرتا ہے تو غیریت کا تصور محذوف ہوتا ہے۔ یہی وحدۃ الوجود اور حلول میں بنیادی فرق ہے۔ جو صوفی عینیت مطلقہ کا قائل ہے وہ وجودی نہیں ہے حلولی ہے۔ اور حلول راقم الحروف کے مذہب و مشرب میں سراسر الحاد اور زندقہ ہے۔ بقول علامہ شبستری:

حلول و اتحاد اینجا محال است
کہ در وحدت، دوئی عین ضلال است

۴۔ اسی وحدۃ مطلقہ سے وصل ممکن ہے یعنی خودی، خدا سے واصل ہو سکتی ہے۔

۵۔ طریق وصل، عشق ہے۔

۶۔ عشق کی صفت، عاشقوں کی صحبت میں بیٹھنے سے حاصل ہو سکتی ہے:

صحبت از علم کتابی خوشتر است

صحبت مردانِ حر، آدم گر است (مرید ہندی)

نفس نتواں کشت الا ظل پیر

دامن آن نفس کش راسخت گیر (مرشد رومیؒ)

انسانی زندگی پر تصوف کا اثر:

انسانی زندگی پر تصوف کے کیا اثرات مرتب ہوتے ہیں یا تصوف کا ثمرہ کیا ہے ؟ اس سوال کے جواب میں ایک کتاب لکھی جا سکتی ہے۔ بخوف طوالت چند اشارات پر اکتفا کرتا ہوں:

ا۔ سب سے بڑا فائدہ یہ حاصل ہوتا ہے کہ صوفی (اگر وہ در حقیقت تصوف پر عامل ہے) تمام رذائل اخلاق سے پاک ہو جاتا ہے کیونکہ تصوف (عشق) تمام انسانی عیوب کا ازالہ کر دیتا ہے بقول مرشد رومیؒ:

شاد باش اے عشق خوش سودائے ما

وے طبیب جملہ علت ہائے ما

ہر کرا جامہ ز عشقے چاک شد

او ، ز حرص و آز، کلی پاک شد

اس جگہ اس بات کی صراحت ضروری ہے کہ تصور میں سارازور عمل پر دیا جاتا ہے۔ بلکہ تصوف کی تعلیم یہ ہے کہ حقیقی علم (عرفان یا گیان) صرف عمل کے بعد ہی حاصل ہو سکتا ہے۔ پس جو صوفی عمل نہیں کرتا وہ صوفی نہیں ہے بلکہ فلسفی یا متکلم ہے۔

ہندو رشیوں (عارفوں) نے بھی یہی کہا ہے کہ تصوف ان پانچ بنیادی عیوب کا ازالہ کر دیتا ہے جو

آتما (روح) کو درشن (دیدار) سے محروم رکھتے ہیں:

کام (نفسانی خواہش یا شہوت)، کرودھ (غضب)، موہ (حرص)، لوبھ (طمع) اور اہنکار (خود بینی)

اگر یہ شبہ لاحق ہو کہ مذہب بھی تو یہی تعلیم دیتا ہے تو اس کا جواب یہ ہے کہ ہم قبل ازیں اس حقیقت کو واضح کر چکے ہیں کہ تصوف مذہب کی روح ہے، مذہب سے جداگانہ کوئی شے نہیں ہے۔

بات یہ ہے کہ عالم دین (خواہ کسی مذہب کا ہو) صرف تعلیم پر اکتفا کرتا ہے یعنی وہ صرف زبان سے اپنے شاگردوں کو اس بات کا علم عطا کر دیتا ہے کہ خدا نے تزکیہ نفس کا حکم دیا ہے، لیکن وہ نہ انہیں اس کا طریقہ بتاتا ہے نہ عملاً کسی کا تزکیۂ نفس کر کے دکھاتا ہے۔ اس کے پاس صرف تھیوری (نظریہ) ہے اور وہ اسی پر اکتفا کرتا ہے۔ دوسرے لفظوں میں یوں سمجھو کہ عالم دین رنگ فروش ہے۔ رنگ بیچتا ہے مگر چڑھا نہیں سکتا۔

صوفی (عارف) بھی تزکیہ نفس ہی کی تلقین کرتا ہے مگر وہ صرف تلقین پر اکتفا نہیں کرتا، وہ اپنے شاگردوں سے یہ کہتا ہے کہ میرے پاس آؤ میری صحبت میں بیٹھو، میں بالفعل تمہارے نفس کا تزکیہ کر دوں گا۔ عالم دین نے تمہیں بتایا ہے کہ خدا ہے؛ میں تمہیں دکھا دوں گا کہ واقعی خدا ہے۔ جب ایک طالب اس عارف (مرشد) کی صحبت اختیار کرتا ہے تو اس پر رنگ چڑھنے لگتا ہے۔ یعنی مرشد دراصل رنگ ریز ہوتا ہے۔ جو سالک کو خدا کے رنگ میں رنگ دیتا ہے۔ "خدا کا رنگ" کیا ہے؟ اس کی تفصیل آئندہ کی جائے گی۔ بہر حال سمجھانا یہ تھا کہ تصوف مذہب کی روح ہے یعنی زندہ خدا کے ساتھ زندہ رابطہ پیدا کرنے یا اسے اپنے باطن کی گہرائیوں میں مشاہدہ کرنے کا دوسرا نام ہے۔ اور جب ایک مذہبی آدمی رابطہ پیدا کرنا شروع کر دیتا ہے تو خود بخود تصوف کے دائرے میں داخل ہو جاتا ہے۔

۲۔ تصوف کا دوسرا فائدہ یہ ہے کہ انسان، کافر اور مومن، ہندو اور مسلمان، کالے اور گورے غرض کہ ہر شخص سے محبت کرنے لگتا ہے۔

بندۂ عشق از خدا گیرد طریق

می شود بر کافر و مومن شفیق

(اقبال)

اگر کوئی صوفی "کافر" کو حقارت کی نگاہ سے دیکھتا ہے یا اس پر شفقت نہیں کرتا، اس کے ساتھ ہمدردی نہیں کرتا، اس کے دکھ کو اپنا دکھ نہیں سمجھتا تو وہ ہرگز صوفی نہیں ہے بلکہ بندۂ نفس اور دنیا کو دھوکا دے رہا ہے۔

تصوف کا پہلا سبق یہ ہے کہ سب انسان، اللہ کے پیدا کئے ہوئے ہیں، اس لئے مجازاً اللہ کا کنبہ ہیں چنانچہ ارشاد نبویؐ بھی یہی ہے۔ "الخلق عیال اللہ"

یہ پہلا سبق تھا کتاب ہدیٰ کا
کہ ہے ساری مخلوق کنبہ خدا کا

(حالی)

چونکہ ہر شئے میں اسی کا جلوہ ہے، ساری کائنات اس کی جلوہ گاہ ہے، ہر شے سے وہی ظاہر ہوتا ہے، اس لئے ہر انسان، مظہر ذات وصفات ہے۔ اگر ہندو میں اس کا جلوہ ہے تو مسلمان میں بھی وہی جلوہ گر ہے۔ اس لئے صوفی جملہ افراد انسانی کو مظاہر ذات سمجھ کر سب سے یکساں محبت کرتا ہے۔ اسی لئے وہ مسجد کے علاوہ گرجے اور صومعے اور مندر کو بھی عزت کی نگاہ سے دیکھتا ہے بلکہ یوں کہتا ہے:

رکھ تصدیق نہ تھیں آوارہ
کعبہ، قبلہ، دیر، دوارہ
مسجد، مندر، ہیکڑ و نور

(خواجہ غلام فرید)

یعنی اے طالب حق! اس بات پر یقین رکھ اور اپنے دل کو انتشار سے محفوظ رکھ کہ کعبے، دیر، ٹھاکر دوارے، مندر اور مسجد، ہر معبد میں وہی ایک نور جلوہ گر ہے۔ یعنی لوگوں نے مکانوں کے نام تو ضرور مختلف رکھ لئے ہیں مگر مدعو یا مسجود یا مطلوب یا مقصود یا محبوب سب کا ایک ہی ہے۔

نتیجہ اس زاویۂ نگاہ کا یہ نکلتا ہے کہ صوفی کے دل و دماغ سے تعصب، تنگ نظری، نفرت، حقارت، امتیاز رنگ و نسل، اختلاف عقائد و مذہب، فرقہ بندی، گروہ بندی، بیجا پاس داری اور ناحق کوشی یا باطل پسندی کے جذبات بالکل مٹ جاتے ہیں۔ اسی لئے وہ کسی کو آزار نہیں پہنچا سکتا انسان تو انسان ہے وہ تو حیوانات پر بھی رحم کرتا ہے:

مباش درپئے آزار و ہر چہ خواہی کن
کہ در طریقت ما بیش ازیں گناہے نیست

(حافظ)

خلاصۂ کلام ایں کہ تصوف، انسان کو رذائل اخلاق سے پاک کر دیتا ہے اور ان کی جگہ بہترین اخلاقی صفات سے مزین کر دیتا ہے۔ لیکن اس بات کا اعادہ ضروری ہے کہ یہ تبدیلی مرشد کی صحبت کے بغیر ناممکن ہے کیوں کہ ہر فن، صاحب فن کی صحبت میں رہ کر ہی حاصل ہو سکتا ہے۔ غواصی، طباخی، نجاری، خوش نویسی، ستار نوازی، خیاطی وغیرہ ان میں سے کوئی فن کتابوں یا تقریروں سے حاصل نہیں ہو سکتا، اسی طرح صیقل گری (تزکیہ نفس) بھی ایک فن ہے اور وہ کسی صاحب فن کی نگاہ ہی کی بدولت حاصل ہو سکتا ہے۔ تصوف کی پوری تاریخ ہمارے اس دعوے کی صداقت پر شاہد ہے۔ اور تمام انسانوں کا روز مرہ مشاہدہ بھی یہی بتاتا ہے کہ چراغ چراغ ہی سے روشن ہو سکتا ہے۔

میں نے اس بات کی صراحت اس لئے کی ہے کہ اس دور مادیت میں تعلیم یافتہ لوگ عموماً اس غلط فہمی میں مبتلا ہیں کہ مصوری، موسیقی، خطاطی، سنگ تراشی، نقاشی وغیرہ کے لئے تو صحبت ماہر فن (مرشد) ضروری ہے لیکن تزکیہ نفس کے لئے کسی ماہر فن (مرشد) کی صحبت ضروری نہیں ہے۔

☆☆☆

The Importance of Sufism, its Characteristic Globalization and Impact.
by: Prof. Yusuf Saleem Chishti
TaemeerNews, Dated: 1-04-2022

مضمون: ١٦

اچھا استاد - کیوں اور کیسے؟

محمد اسحاق (حیدرآباد)

ایک پرانا لیکن سچا قصہ یوں ہے کہ کوئی مہتمم تعلیمات ایک تحتانیہ مدرسہ کے معائنہ کے لئے تشریف لے گئے۔ بچے ہیں کہ شور و شغب اور کھیل کود میں مصروف ہیں۔ استاد ہیں کہ بیٹھے تماشہ دیکھ رہے ہیں۔ مہتمم صاحب کو غصہ آنا ضروری تھا، کہا:

مولوی صاحب! میں چاہتا ہوں کہ مدرسہ میں PIN DROP SILENCE ہو"۔

استاد نے جواب دیا:

"ایسی خاموشی آپ کو صرف قبرستان میں مل سکتی ہے، یہ بچوں کا اور زندگی کا مدرسہ ہے"۔

استاد کو دو فائدے ایسے حاصل ہیں جو کسی بڑے سے بڑے آدمی کو حاصل نہیں، ایک تو اس کا تعلق راست چلتی پھرتی، اچھلتی کودتی زندگی سے ہوتا ہے۔ طلبہ چاہے بچے ہوں کہ بڑے، ان کی بے پناہ توانائیاں، جذبات، شوخیاں اور شرارتیں اسکول کی فضا کو بے حد حسین بنائے رکھتی ہیں۔ استاد کا تعلق راست اسی بجلی کے تار سے ہوتا ہے جس کی وجہ سے اس کے دل و دماغ کی روشنی تیز ہوتی جاتی ہے۔ اس کی روح اور جذبات کو ایسی غذا ملتی ہے جس سے وہ سرشار رہتا ہے۔

بہت سے قابل ترین لوگ ہیں جو کسی دفتری کام یا کاروبار میں لگ گئے ہیں، انہیں اپنے خیالات و جذبات کے اظہار کا شاید ہی کبھی موقع ملتا ہو۔ ان کی باتیں ان کے دل ہی میں رہ جاتی ہیں، وہ ایک قسم کی گھٹن محسوس کرنے لگتے ہیں۔ شخصیت کی نشو و نما کے لئے اظہار ضروری ہے اور استاد کو یہ موقع ساری زندگی نصیب رہتا ہے۔ وہ اپنی جماعت میں سبق ہی نہیں پڑھاتا بلکہ سبق کے دوران

اپنے دل کی بات کچھ اس طرح پہنچا دیتا ہے جو طلبہ کی شخصیت کے نکھار اور ابھار کے لئے وہی بات ان کی زندگی کا اثاثہ بن جاتی ہے۔ اس کی ایک اچھی مثال شیر کشمیر شیخ عبداللہ نے اپنی سوانح حیات "آتش چنار" میں دی ہے۔ وہ اپنے قیام علی گڑھ کا واقعہ یوں بیان کرتے ہیں؛

"وہ واقعہ مجھے کبھی نہیں بھولے گا، جو ہمارے استاد فلسفہ یم یم شریف کی ذات سے وابستہ ہے، انہوں نے ایک بار طلبہ سے خطاب کیا انہوں نے نصیحت کی کہ اپنے جائز حقوق کے لئے کسی سے ڈرنا نہیں چاہیے۔ ان کی زبان میں ایک رعد کی کیفیت تھی اور یہ بات ان کی زبان سے نکلی اور میرے دل میں ترازو ہوگئی۔۔ میں نے زندگی کے مشکل مرحلوں میں اسے یاد کیا ہے۔۔"

اچھا استاد پڑھانے میں بھی استاد ہوتا ہے، وہ اپنے مضمون میں نہ صرف کمال پیدا کرتا ہے، بلکہ مختلف طریقہ ہائے تعلیم سے وہ اچھی طرح واقف رہتا ہے۔ وہ اچھے اساتذہ سے بہت کچھ سیکھتا ہے اور پڑھانے میں اپنی انفرادیت قائم رکھتا ہے۔

ماہرین تعلیم جانتے ہیں کہ پڑھانا بھی ایک فن ہے بلکہ ہر اچھا سبق آرٹ کا نمونہ ہوتا ہے۔ پڑھانا یہ نہیں کہ:

"کوئی شخص ایک بکٹ پانی دوسری بکٹ میں انڈیل دے" (ہمایوں کبیر)

اور نہ ذاکر صاحب کی زبان میں:

"استاد کی نوٹ بک سے طالب علم کی نوٹ بک میں منتقل کر دے۔۔"

تعلیم کا ذریعہ ذہن و دماغ اور روح کے راستوں سے ہے۔ استاد کے ذہن کی رسائی طلبا کے ذہن تک ضروری ہے، جو بظاہر بہت پیچیدہ ہے۔ جس کا بیان الفاظ میں آسان نہیں۔ یہ سب اسی وقت ہو سکتا ہے جب کہ استاد کو اپنے پیشہ سے عشق ہو، اخلاص ہو، خون جگر دیا ہو، ورنہ

نقش ہیں سب ناتمام خون جگر کے بغیر
نغمہ ہے سودائے خام خون جگر کے بغیر

آخر استاد طلبا کو کیا دیتا ہے؟

وہ سب اسباق جو اس نے پڑھائے ہیں، وہ تو سب چند دن کے اندر اندر امتحان کے ساتھ ہی دل و دماغ سے غبار خاطر کی طرح اڑ جاتے ہیں، صرف چند باتیں اور یادیں رہ جاتی ہیں۔

اچھا استاد طلبہ میں غیر محسوس طریقہ سے رواداری، دوسروں کے ساتھ رہنے بسنے، اچھے شہری بننے اور چند بنیادی اقدار سے واقف کرا دیتا ہے جیسے حسن و خوبی کی پرکھ، سچائی کی تلاش کا جذبہ اور نیکی پر عمل کرنے کی طرف مائل کر دیتا ہے۔

یہی وہ سب اجزا ہیں جو شخصیت کا حصہ بن جائیں تو ہم کلچر کہتے ہیں۔ اسی کو غلام السدین "روحِ تہذیب" کہتے ہیں۔ اسی کو رادھا کرشن

FRAGRANCE OF THE SOUL (روح کی خوشبو)

کہتے ہیں۔

اچھے استاد کی پہچان کسی صدر ادارہ یا ماہر تعلیم کے لئے بھی مشکل ہے۔ اس کی کسوٹی چھوٹے معصوم بچوں سے لے کر یونیورسٹی سطح کے طلبہ ہی ہو سکتے ہیں۔ کسی چھوٹے بچے سے پوچھئے تمہارے ہاں کون سب سے اچھے ٹیچر ہیں، وہ فوراً نام بتا دے گا۔ اب پوچھئے ان میں کیا خاص بات ہے؟ وہ کچھ سوچے گا، سر ہلائے گا، لیکن کچھ کہہ نہ سکے گا۔

بچوں میں اپنے ٹیچر کو جانچنے اور پرکھنے کی حس بہت تیز ہوتی ہے، وہ ٹیچر کی ذات میں وہ سب کچھ دیکھ لیتے ہیں۔ جو شاید ٹیچر بھی اپنے متعلق نہ جانتا ہو۔ ان کے نزدیک جو اچھا ہے وہی اچھا استاد ہے، طلبہ اس کی عظمت سے واقف نہیں لیکن اس کی عزت و محبت ان کے دل میں گھر کر جاتی ہے۔ اچھے استاد کے لئے دنیا کا کوئی انعام اس سے بڑا نہیں، استاد کو یہ عزت و شہرت بس یونہی حاصل نہیں ہو جاتی وہ خاموش اپنے پیشہ میں کوئی تہائی صدی تک مصروف رہتا ہے۔

اس کا کام کوئی دو چار دن، دو چار مہینوں میں ختم نہیں ہوتا۔ اس کے مزاج کو طوفانی ہواؤں سے کوئی نسبت نہیں، وہ ایک نسیم سحری ہے جو بہت خراماں خراماں چلتی رہتی ہے۔ نہ اس کا نام اخباروں میں آتا ہے اور نہ اسے کوئی پھولوں کے ہار پہناتا ہے۔ وہ ایک گمنام اور نیک نام شخصیت کا مینار ہے، اس کا

کام بڑا صبر آزما ہوتا ہے۔ برسوں کی عرق ریزی کے بعد بے ہنگم پتھروں کو تراش کر وہ ہیروں میں تبدیل کرتا رہتا ہے۔

اس کی ذات ہمدردی اور محبت کا جیتا جاگتا سرچشمہ ہوتی ہے۔ مشہور زمانہ ماہر تعلیم پستالوزی کے متعلق مشہور ہے کہ جب وہ کلاس روم میں داخل ہوتا تو چھوٹے بچوں کو پہلے سلام کرتا۔ کسی نے وجہ پوچھی تو جواب دیا:

"مجھے معلوم نہیں کہ ان بچوں میں کون بڑا فلسفی کون بڑا آدمی یا معلم انسانیت بیٹھا ہوا ہے میں شاید اس وقت ان کی تعظیم کے لئے زندہ نہ رہوں گا"۔

ڈاکٹر ذاکر حسین فرماتے ہیں:

"جب سب لوگ کسی بچہ کی تعلیم و تربیت سے مایوس ہو جاتے ہیں تو پھر بھی دنیا میں دو آدمی ایسے ہیں جو اس بچہ سے مایوس نہیں ہوتے، ایک اس کی ماں اور دوسرا شفیق استاد"۔

☆☆☆

A good Teacher, how and why? by: Mohammad Ishaque
TaemeerNews, Dated: 5-09-2020

مضمون: ۱۷

معاشرے میں استاد کا بلند و اعلیٰ مقام

ایس ایم عارف حسین (حیدرآباد)

ہمارے ملک ہندوستان میں یوم اساتذہ ۵/ستمبر کو منایا جاتا ہے جبکہ عالمی تنظیم یونیسکو کی جانب سے ورلڈ ٹیچرس ڈے ۵/اکتوبر کو منایا جاتا ہے۔ یہ بات عیاں ہے کہ ہندوستان میں "یوم اساتذہ" جناب سروے پلی رادھا کرشنن [Sarvepalli Radhakrishnan] کے یوم پیدائش پر منایا جاتا ہے۔ یہ اعزاز ان کو اس لیے دیا گیا کہ وہ بنیادی طور پر ایک ٹیچر تھے اور اپنی محنت لگن کی وجہ سے ملک کے جلیل القدر عہدہ صدارت تک پہنچ گئے۔ ان کی محنت کو سراہنے کے لیے جب اس وقت کی حکومت نے ان کو اعزاز کی پیشکش کی تو انہوں نے خواہش کی کہ یہ اعزاز اساتذہ کے نام کر دیا جائے جو قوم و نسل کو باصلاحیت بنانے میں اپنی زندگی لگا دیتے ہیں۔ چنانچہ انہی کی خواہش پر ان کے یوم پیدائش کو "یوم اساتذہ" منانے کا سرکاری اعلان کیا گیا جو ساری اساتذہ برادری کے لیے ایک عظیم اعزاز ہے!

ایک ٹیچر، استاد یا معلم معاشرہ میں باپ یعنی والد کا مقام رکھتا ہے۔ یہاں ہر استاد کو یہ محسوس کرنا اور ذہن نشین کر لینا چاہیے کہ ان کا مقام سماج میں کتنا بلند و برتر ہے۔ جیسا ایک باپ اپنی اولاد کی تربیت و حفاظت اور اس کی ضروریات کی تکمیل کے لیے دن رات، موسم اور حالات کی پرواہ کیے بغیر اپنی جان، صلاحیت اور مال کو داؤ پر لگاتا ہے اسی طرح ایک استاد کو اپنے طلبا کو علمی اور تربیتی طور پر باصلاحیت اور قابل بنانے کے لیے محنت کرنا واجب ہو جاتا ہے۔ اگرچیکہ دوسرے پیشوں کے مقابل مالی اعتبار سے کم معاوضہ ملتا ہو۔

ایک استاد یا معلم کو مکمل استاد بننے کے لیے تعلیمی ڈگریاں کافی نہیں ہوتیں، بلکہ زندگی کے ہر موڑ پر توجہ دیتے ہوئے اپنے لباس، اپنی گفتگو، اپنے راستہ چلنے کا ڈھنگ، تنہا ہو یا محفل میں بیٹھنے اٹھنے کا سلیقہ، اپنے چھوٹوں اور بڑوں سے برتاؤ کا سلیقہ، اپنے شاگردوں اور ان کے سرپرستوں سے میل ملاپ کا ڈھنگ، اپنے عہدیداروں یعنی انتظامیہ کے ساتھ حسن اخلاق سے پیش آنا، گرچہ کوئی بات دل پر ناگوار ہی کیوں نہ گزرے۔ پہلے ان امور کی خود تربیت حاصل کرے یا پھر معلم بنتے ہوئے خود کی عملی زندگی سے ان کو حاصل کرے۔ تب کہیں جا کر ایک تربیت یافتہ استاد کی شکل میں ڈھل پائیں گے جس کا فی زمانہ فقدان ہے، ورنہ کتابی و سندی ٹیچر تک محدود ہو کر رہ جائیں گے، جن کا احترام شاید عملی طور پر محال ہے۔

"سورج بننا ہو تو پہلے خود کو روشن کریں"

علم کا حاصل کرنا اور اس کو دوسروں تک پہنچانا ایک "عبادت" سے کم نہیں، اسی لیے ایک ٹیچر کا معاشرہ میں بہت بلند مقام ہے اور رہتی دنیا تک رہے گا۔ اگر یوں کہا جائے تو زیادتی نہ ہوگی کہ تدریس کے عمل سے آخرت کی زندگی کی کامیابی کی ضمانت بھی ہوگی۔

مگر افسوس بے حد افسوس کہ موجودہ دور کے چند ایک اساتذہ تدریس کے پیشہ کو صرف اور صرف کمائی کا ذریعہ سمجھ کر اس کو اپنا رہے ہیں جو ایک کمزور ذہن اور مادہ پرستی کی علامت ہے۔ اس امر کا ذکر انتہائی افسوس کے ساتھ کرنا پڑ رہا ہے کہ چند ایک اساتذہ نصاب کی بروقت تکمیل میں لاپروائی اور معمولی ضروریات پر طویل رخصت کا استعمال کرتے ہیں۔ و نیز اسکولوں و مدارس کے طلبا و طالبات کے ساتھ جھوٹی ہمدردی و مدد کی آڑ میں وحشیانہ برتاؤ کرتے ہوئے ان کا جنسی استحصال تک کرنے کی جرات کر بیٹھے ہیں، جس کا انکشاف اخبارات اور الیکٹرانک میڈیا نے کیا ہے۔

یقین مانئے کہ مذکورہ وحشیانہ حرکات قیامت تک پیشہ تدریس کے "محترم" ہونے کو رتی برابر متاثر نہیں کر سکتے، بلکہ مجرمانہ کردار کے حامل اساتذہ اپنے آپ کو ذلت کی کھائی میں ڈھکیل رہے ہیں۔

لہذا شدید ضرورت اس بات کی ہے کہ اساتذہ برادری اپنے تدریسی پیشہ کی محترم صفت کو دل و دماغ

میں محسوس کرے اور شیطانی وسوسہ و حرکات سے خود کو اور معاشرہ کو محفوظ رکھیں، ورنہ دور حاضر کی نسل اور سرپرست بلکہ معاشرہ کے ہر فرد کے ذہن میں استاد و معلم کے متعلق نفرت پیدا ہو گی اور نتیجتاً پیشہ تدریس بھی اس کا شکار ہو گا۔

جبکہ ابتدائے دنیا سے لے کر آج تک ایک معلم و استاد کو احترام کی نظر سے دیکھا جاتا رہا ہے بلکہ ہر طالب علم اپنے استاد کے آگے سر خم کر دیتا ہے اگرچیکہ وہ طالب علم وقت کا سکندر ہو یا کسی ملک کے صدارتی منصب پر ہی کیوں نہ فائز ہو۔

یہ بات بھی مشاہدہ میں ہے کہ دنیا کے دیگر ممالک میں ایک طالب علم اپنے استاد کو سیلوٹ یا سلامی دیتے ہوئے اس کی تعظیم کرتا ہے۔ ضرورت اس بات کی ہے کہ تعلیمی اداروں کے ذمہ داران اور موجودہ ریاستی و مرکزی حکومتوں کو چاہیے کہ مذکورہ بالا مجرمانہ و درندہ صفت افراد کی سوچ و حرکات پر کڑی سے کڑی نظر رکھیں اور ایسے مجرمین کے خلاف سخت سے سخت قانون اور سزائیں مرتب کریں تاکہ اس طرح کے معیوب افکار و اعمال تعلیمی اداروں کی فضا کو آلودہ نہ کر سکیں۔

عظمتیں پاؤ گے کردار و عمل سے اپنے
صرف استاد کی سند سے عظمت نہیں ملنے والی

☆☆☆

The highest position of Teacher in the society. by: S. M. Arif Hussain
TaemeerNews, Dated: 5-09-2019

مضمون: ۱۸

تعلیم و تدریس میں علم نفسیات کا حصہ

عصمت جہاں صدیقی

نفسیات کی ابتدا کی بہت سی وجوہات ہیں جیسے کہ ناموافق حالات ہوں تو انسان اپنے آپ کو کمزور کیوں محسوس کرنے لگتا ہے۔ ناقابل برداشت بات پر غصہ کیوں آتا ہے۔ انسان کو بعض اوقات دلچسپ یاڈراؤنے خواب کیوں نظر آتے ہیں؟ اچھائی یاکام کاصلہ ملنے پر انسان خوش کیوں ہوتا ہے؟ یا کسی چاہنے والے یا عزیز کی موت پر وہ کیوں روتا ہے؟ وغیرہ وغیرہ ایسے سوالات ہیں جنھوں نے یہ سوچنے پر مجبور کیا کہ ان سب باتوں میں کہیں نہ کہیں انسان میں چھپی ہوئی نفسیات کا ہاتھ ہے۔

نفسیات یونانی (Greek) لفظ Psychoe Logos ہے۔

سائیکو کا مطلب ہے روح اور لوگو کا مطلب ہے سائنس۔ اس طرح ہم کہہ سکتے ہیں کہ علم نفسیات انسان کے Behaviour یا برتاؤ کا علم ہے جیسا کہ Watson نے کہا ہے کہ:

"برتاؤ ایک ایسا ردعمل ہے جو انسان کے باہری برتاؤ اور اندرونی حالات کو دکھاتا ہے۔"

جب ہم تعلیم کی بات کرتے ہیں تو تعلیم کا اصل مقصد انسان کے Behaviour یا برتاؤ کو صحیح طرح سے بدلنا ہوتا ہے۔

جب انسان نے ترقی کرنا شروع کی اور تعلیم کی اہمیت کو سمجھنا شروع کیا تب تعلیمی نفسیات وجود میں آیا۔

Herbert, Froebal, Cattell, Alfredbinet, Thormdike, Ternan, B.F. Skimmer, Pavlov

وغیرہ نے علم نفسیات کو ترقی دینے میں بہت زیادہ تعاون دیا۔ علم نفسیات میں تین چیزیں بہت اہم رول ادا کرتی ہیں۔

۱۔ سیکھنے والا learner

۲۔ سیکھنے کا طریقہ Process

۳۔ اعادہ Evaluation

تعلیم میں علم نفسیات کا حصہ

(۱) طالب علموں میں نظم وضبط پیدا ہوتا ہے۔

(۲) Audio-visul طریقوں سے بچے جلدی سیکھ لیتے ہیں۔

(۳) انتظامی مسائل کو حل کرسکتے ہیں۔

(۴) صحیح ٹائم ٹیبل بنا سکتے ہیں۔

(۵) کھیل کود Co-Curriculer Activities کے ذریعہ سکھانے کا عمل کرسکتے ہیں۔

(۶) نئے نئے سکھانے کے طریقے استعمال کر کے سیکھنے کے عمل کو Innovative بنا سکتے ہیں۔

علم نفسیات کا مواد

(۱) نفسیات اور تعلیم

(۲) مختلف انسانی گروہ اور اس کی نشو ونما

(۳) سیکھنے کا عمل یا آموزش

(۴) پرسنیلٹی اور باہمی اشتراک

(۵) مختلف قسم کے انسان اور ان کی آموزش

(۶) آموزش کو ناپنا اور اس کا اعادہ

نفسیات کے مقاصد

سیکھنے اور سکھانے کے عمل میں تعلیمی نفسیات کے بہت سے مقاصد ہیں اور اساتذہ کے لئے یہ ایک

اہم مضمون ہے جس کے ذریعہ وہ بچوں کی نفسیات کو سمجھ کر انہیں سکھا سکتے ہیں۔ ویسے تو بہت سے مقاصد ہیں لیکن سہولت کے حساب سے انہیں ہم چار حصوں میں تقسیم کر سکتے ہیں۔

(۱) خود شناسی

عربی کا بہت مشہور مقولہ ہے کہ جس نے اپنے آپ کو پہچانا اس نے اپنے رب کو پہچان لیا۔ ہر انسان میں جذبات، احساسات، تفکر، استدلال، بے چینی وغیرہ ہوتی ہے جیسا کہ ہم جانتے ہیں کہ انسان ایک سماجی مخلوق ہے اور سماج میں رہتے ہوئے کہیں نہ کہیں اس کے انہیں احساسات کا رد عمل دیکھنے کو ملتا ہے۔ تعلیمی نفسیات ہماری کمیوں کو دور کر کے اور ہماری صلاحیتوں کا اندازہ کرا کر ہمیں اپنے مقصد میں کامیاب ہونے کا راستہ دکھاتی ہے۔ اکثر لوگ کامیاب زندگی بسر کرنے سے اور اپنی چھپی ہوئی صلاحیتوں کے استعمال سے اسی لئے محروم رہتے ہیں کہ وہ اپنے جسمانی، جذباتی، ذہنی اور سماجی تقاضوں سے بے خبر ہوتے ہیں۔ صحیح معنوں میں تعلیمی نفسیات ہمیں اپنے آپ کو پہچاننے میں ہمارے لئے مشعل راہ ہے۔

(۲) دوسرے لوگوں کو سمجھنا

جس طرح اپنے آپ کو سمجھنا ضروری ہے ٹھیک اسی طرح کامیاب زندگی بسر کرنے کے لئے دوسرے لوگوں کو سمجھنا بھی ضروری ہے۔ چاہے ہم اپنا گھر، اسکول، کالج، سماج یا کچھ اور اداروں کو بخوبی چلانا چاہیں تو ہمیں ہر ایک فرد کی نفسیات کا خیال رکھنا پڑے گا۔

دوسروں کی شخصیت کی خوبیوں و احساسات کی قدر اور ان کی ضروریات تسلیم کرنا ہی باہمی تعلقات کو خوشگوار بناتے ہیں۔ تعلیم کے حصول کے لئے سیکھنے اور سکھانے والے دونوں ایک ہی سکہ کے دو رخ ہیں۔ ایک اچھا استاد اسی وقت اپنے طالب علم کو سکھا سکتا ہے جب وہ اس کی نفسیات سے پوری طرح واقف ہو۔ مثلاً کوئی بچہ درجہ میں شرارت کرتا ہو یا خاموش رہتا ہو یا سوال جواب میں حصہ نہ لیتا ہو تو ایسے بچے کی نفسیات کا مطالعہ کر کے استاد اس کو بہتر سکھانے کا عمل کرتا ہے۔

(۳) سماجی مسائل کا حل

سماج انسان کے رہنے سہنے اور اس کی ترقی کے لئے بہت ضروری ہے۔ آج کل ہم سماج میں بہت سے ایسے مسائل دیکھتے ہیں جو خود انسان کے پیدا کردہ ہوتے ہیں۔ اسی لئے انسان کی طرز فکر جذبات احساسات وغیرہ کے مکمل علم کی مدد سے ان مسائل کو حل کیا جاسکتا ہے اور اس میں تعلیمی نفسیات کا بہت بڑا ہاتھ ہے۔ اس کے علم سے انسان تعصب، حسد، جنگ و جدل، اقوام کی باہمی کشمکش، جرائم اور بہت سی سماجی برائیوں سے بچ سکتا ہے۔

(۴) علم برائے علم

تعلیمی نفسیات صرف زندگی کے عملی پہلوؤں سے ہی واقف نہیں کراتی بلکہ نظری تحقیقات سے بھی ہمیں فائدہ پہنچاتی ہے۔ اگر کسی بھی درجہ میں ہمیں کوئی پریشانی لاحق ہو تو ہم تحقیق کر کے اس کو حل کر سکتے ہیں مثلاً اگر ایک کلاس میں سبھی طالب علموں کے نمبر ہر ایک مضمون میں کم آتے ہیں تو اس تحقیقی عمل کے ذریعہ یہ پتا لگایا جاسکتا ہے کہ اس کے پیچھے کیا وجوہات ہو سکتی ہیں؟ جیسے ہو سکتا ہے کہ کلاس میں مکمل روشنی کی کمی ہو تختہ سیاہ صحیح حالت میں نہ ہو۔ صاف ہوا کی آمد و رفت نہ ہو وغیرہ وغیرہ۔

نفسیات اور تعلیم

یہ کہنا غالباً مبالغہ آمیز نہ ہو گا کہ شعبہ تعلیم میں نفسیات کا استعمال سب سے زیادہ ہے، یہاں تک کہ جدید تعلیم کی بنیاد ہی نفسیاتی اصولوں پر رکھی گئی ہے۔ تعلیمی نفسیات ہر اس شخص کی تعلیم کا لازمی جزو ہے جو کسی مدرسہ میں مدرس بننے کا خواہاں ہوں۔ اس علم کا مقصد مدرسین کو ایسے طریقہ کار سے روشناس کرانا ہے جس کی مدد سے وہ طلبہ کی شخصیت متعین کرنے والے اعمال اور ان کی نشو و نما پر اثر انداز ہونے والے اسباب کی حقیقت سے آگاہ ہو کر انہیں ضبط میں لا سکیں۔

ماہرین تعلیم مدت سے یہ محسوس کرتے چلے آئے تھے کہ طلبہ کو سمجھے بغیر تدریسی عمل کبھی بھی موثر ثابت نہیں ہو سکتا۔ اس سلسلہ میں انہیں جتنی رہنمائی اور مدد نفسیات سے ملی ہے وہ محتاج بیان نہیں۔ نفسیات نہ صرف ان محرکات پر روشنی ڈالتی ہے جو کسی کردار کی پیدائش کا باعث ہیں بلکہ ان

ترغیبات کے مستقل اور غیر مستقل اثرات سے بھی آگاہ کرتی ہے جنہیں تعلیم یا آموزش میں ہمیشہ استعمال کیا جاتا ہے۔

تعلیمی نفسیات کا درخشاں کارنامہ نفسیاتی آزمائشوں کا استعمال ہے جن کی مدد سے طلبہ کی ذہنی، جذباتی، معاشرتی اور تعلیمی ترقی پر روشنی پڑتی ہے۔ ان آزمائشوں کی ایجاد سے پہلے اساتذہ کے پاس کوئی ایسا معتبر ذریعہ موجود نہ تھا جس سے اس ترقی کا صحیح علم حاصل ہو سکتا ہے اور جس پر تعلیمی عمل کی بنیاد رکھی جا سکتی ہے۔ معیاری آزمائشوں نے طریق تدریس کی ہیئت کو بالکل بدل ڈالا ہے۔ ان کی مدد سے انفرادی اختلافات کی حقیقت معلوم کی جا سکتی ہے اور پڑھانے کے طریقوں کو زیادہ موثر بنایا جا سکتا ہے۔ اس کے علاوہ نفسیات نے تعلیم پر جو تجربے کئے ہیں اور ان سے جو اصول وضع کئے ہیں وہ اساتذہ کے لئے رہنمائی کا کام دیتے ہیں۔ ان کی مدد سے تعلیم کو زیادہ دلچسپ بنایا جا سکتا ہے۔ تحفظ اور فراموشی کے سلسلے میں جتنے تجربے کئے گئے ہیں۔ ان کا اطلاق ہر مدرسہ میں ہو رہا ہے۔

"تدریسی مشینوں" اور "تدریسی پروگراموں" کی ایجاد نے جو سراسر نفسیات کی مرہون منت ہیں، پڑھانے کے طریقوں کو بڑا متاثر کیا ہے۔ ان کی مدد سے مشکل مضامین کی تعلیم بھی بڑی آسان ہو گئی ہے۔ یہ نیا طریقہ تعلیم ترقی یافتہ ممالک میں ہی ہر دلعزیز نہیں بلکہ ترقی پذیر ممالک میں بھی اس سے کام لیا جا رہا ہے۔

مختصر طور پر ہم یہ کہہ سکتے ہیں کہ جو علم معلمین کی ہر قدم پر صحیح رہنمائی کرتا ہے اور جو ان کے بے شمار مسائل کا حل تلاش کرنے میں مدد دیتا ہے وہ علم نفسیات ہے۔ یہی وجہ ہے کہ بعض علماء مدرسہ کو ایک طرح کی نفسیاتی تجربہ گاہ قرار دیتے ہیں جس میں نہ صرف سابقہ اصولوں کو پرکھا جاتا ہے بلکہ نئے نئے اصول دریافت کئے جاتے ہیں۔

☆☆☆

Role of Psychology in Education and Teaching. by: Ismat Jahan Siddiqui
TaemeerNews, Dated: 30-09-2021

مضمون: ۱۹

گھر و خاندان۔ بچوں کی واحد تعلیم گاہ

عبدالمغنی (پٹنہ)

کہنے اور دیکھنے کے لئے آج بچوں کے ساتھ بہت زیادہ دلچسپی کا اظہار کیا جارہا ہے۔ ایک طرف بچوں کی نفسیات پر ایک پورا علم و فن مرتب ہو گیا ہے، دوسری طرف اعداد و شمار فراہم کر کے واضح کیا جا رہا ہے کہ اب بھی مختلف ملکوں اور قوموں میں بچوں کے ساتھ بڑا ظلم کیا جارہا ہے، لہذا ان کے ساتھ انصاف اور محبت کرنے کی سخت ضرورت ہے۔

لیکن دنیا کے دانشور اور رہ نما اس سنگین، خطرناک اور تباہ کن حقیقت پر کم ہی غور کر رہے ہیں کہ جدید انسانی سماج میں خاندانی نظام درہم برہم ہو رہا ہے اور آج کی دنیا کا جو ملک جتنا زیادہ ترقی یافتہ سمجھا جاتا ہے اس کا خاندانی نظام اتنا ہی برہم ہے۔ یہاں تک کہ یورپ اور امریکہ میں اب خاندان کا مطلب ایک مرد اور ایک عورت کے عارضی اشتراک اور یک جا قیام کے سوا کچھ نہیں رہ گیا۔

چنانچہ اس فضا میں خاندانی سطح پر نئی نسل نام کی کوئی چیز نہیں ہے، بس بچپن کے چند برسوں تک ماں باپ بچوں کی سرپرستی کرتے ہیں، اس کے بعد انہیں آزاد چھوڑ دیتے ہیں کہ جو جی چاہے کریں اور جیسے چاہیں زندگی گزاریں۔ پھر بچپن کے ابتدائی برسوں میں بھی والدین کی طرف سے بچوں کی کوئی نگرانی اور تربیت نہیں ہوتی، بے چارے بچے عام تعلیم گاہوں اور ان کے مدرسوں اور منتظموں کے حوالے کر دئے جاتے ہیں۔

(یہی بات جو امریکہ اور یورپ کے جمہوری کہلانے والے اور آزاد سمجھے جانے والے سماجوں میں ہوتی ہے، ایک دوسرے انداز سے مشرقی یورپ کے اس خطے میں کی جاتی ہے جسے اشتراکی روس کہتے ہیں)

امریکہ اور مغربی یورپ میں والدین اپنی خوشی سے بچوں کو گھر سے باہر نکال دیتے ہیں اور ان کی تعلیم و تربیت کا سارا بوجھ سماج کے بیرونی اداروں پر ڈال دیتے ہیں۔ جب کہ روس میں حکومت نے ایسا معاشرتی نظام قائم کر رکھا ہے کہ جبراً بچے اپنے والدین کی گود سے چھین کر پرورش گاہوں میں، جو بالکل سرکاری اہتمام میں چلائی جاتی ہیں، داخل کر دیئے جاتے ہیں، اور حکومت کی منصوبہ بند کوشش یہی ہوتی ہے کہ نئی نسل اپنے خاندان کی بجائے ریاست کی وفادار ہو، وہ بھی ریاست کو چلانے والی حکومت اور اس کے سربراہوں کی، اور ریاست و حکومت کی وفاداری ہی کو سماج کی وفاداری بھی قرار دیا جاتا ہے۔ اس لئے کہ اشتراکیت میں ریاست سے الگ نہ تو خاندان اور فرد کا کوئی مستقل تصور ہے اور نہ سماج کا۔

بہرحال، اشتراکی روس کا ایک اور اقدام نہ صرف یورپ اور امریکہ بلکہ ایشیا اور افریقہ میں بھی پچھلی نصف صدی میں ایسا نمونۂ عمل بن گیا ہے جس کی تقلید آج پوری دنیا میں کی جارہی ہے۔ اشتراکیت میں منصوبہ بندی اور اس مقصد کے لئے ضابطہ بندی کو بڑی اہمیت حاصل ہے۔ چنانچہ روس میں 1917ء کے اشتراکی انقلاب کے بعد معاشی منصوبہ بندی شروع ہوئی، جس کے بعد زندگی کے ہر دائرے میں منصوبہ بندی کی لہر اتنی بڑھی کہ بالآخر خاندانی منصوبہ بندی تک نوبت آگئی، تاکہ انسانی نسل کی پیدائش اور افزائش کو قابو میں رکھا جائے اور سماج میں بچوں کی تعداد ایک خاص حد سے آگے نہیں بڑھے۔

اس منصوبہ بندی کا معاشی پہلو جو بھی، اس نے معیار رہائش اور معاشی فلاح کے نام پر خاندانی نظام کو طرح طرح کی الجھنوں میں ڈال دیا، جن کا سب سے تشویش انگیز نتیجہ یہ رونما ہوا ہے کہ اب بچے گویا سماج اور خاندان پر ایک بوجھ ہیں جسے کسی طرح اٹھانا ہے۔ اس طرح سماج میں بچوں کا مقام بالکل پست ہو گیا اور وہ مستقبل کی امید کی بجائے ناخواندہ مہمان بن گئے۔ اب والدین کی محبت اور بچوں کی شفقت بھی، جو دنیائے انسانیت کی سب سے فطری چیز اور تہذیب کی سب سے بنیادی قدر ہے، راشن کی طرح کنٹرول سے تقسیم ہو رہی ہے۔

ان حالات میں وقت کا سب سے اہم سوال یہی ہے کہ بچوں کی صحیح تعلیم گاہ کہاں ہے؟ بلاشبہ مدرسے، مکتب اور اسکول، کنڈر گارٹن اور پاٹھ شالے بچوں کی تعلیم کے لئے کھلے ہوئے ہیں اور اکثر وبیشتر بچے انہی تعلیم گاہوں میں پڑھتے اور سبق لیتے ہیں۔

ان اداروں میں بعض اقامتی ہیں، جن میں کچھ علاقائی اور صوبائی پیمانے کے ہیں اور کچھ قومی پیمانے کے ہیں، جن میں کچھ علاقائی اور صوبائی پیمانے کے ہیں اور کچھ قومی پیمانے کے۔ ان اقامتی اداروں کو زیادہ تر تبلیغی انجمنیں اور جماعتیں چلاتی ہیں اور ظاہر ہے کہ ان کے نصاب تعلیم و تربیت میں ان کے خیالات کی تبلیغ کے پہلو پائے جاتے ہیں۔

یہ سب تعلیم گاہیں، خواہ مقامی ہوں یا اقامتی بچوں کو صرف تعلیم دے سکتی ہیں، گرچہ اقامتی درس گاہوں کا دعوی اور نصب العین تعلیم کے ساتھ تربیت بھی ہے اور وہ سرپرستوں سے ان کی اولاد کو اسی وعدے پر لیتی ہیں کہ والدین کا رول بھی یہ درس گاہیں ہی ادا کریں گی۔ لیکن فی الواقع بچوں کی تعلیم گاہیں مقامی ہوں یا اقامتی، درسیات سے آگے بڑھ ہی نہیں سکتیں، بس ایک مقررہ نصاب کی تکمیل ہی ان کا کام ہو سکتا ہے۔ یہ کام مقامی درس گاہوں میں سبق کے مقررہ اوقات میں ہوتا ہے اور اقامتی درس گاہوں میں بھی بچوں کا قیام کتنا ہی ہمہ وقتی ہو ان کے لئے سبق کے سوا کیا رکھا ہے؟ معلمین یا خدمت گار ان کی ضروریات کا کتنا ہی خیال رکھیں اور سبق کے علاوہ ان کے لئے کھیل کود وغیرہ کی تفریحات کا کتنا ہی سامان کریں، وہ طبعی توجہ بچوں کو نہیں دے سکتے جس کی توقع بچے بڑوں سے کرتے ہیں۔

یہ معاملہ جبلت کا ہے جو چاہے قدریں تخلیق نہیں کر سکے مگر قدروں کا احترام وہی سکھاتی ہے۔ جیسے انسان کے جسم کی ضروریات ہیں ویسے ہی اس کے نفس کے تقاضے ہیں۔ چنانچہ جس طرح بچوں کے نفسیاتی تقاضوں کی تسکین کا سامان ہوگا اسی طرح ان کی عادتیں بنیں گی، اور ان تقاضوں میں سب سے اہم محبتِ مادری اور شفقتِ پدری کے حصول کی خواہش ہے، اور یہی خواہش درحقیقت بچوں کو بہنوں، بھائیوں اور دوسرے اعزا کی طرف بھی مائل کرتی ہے۔

بچے کی شخصیت کا ننھا سا پودا والدین کی محبت و شفقت کی آب و ہوا اور روشنی چاہتا ہے اور جو کوئی بھی ایک بچے کا اعتماد حاصل کرنا چاہتا ہو اس کے لئے ضروری ہے کہ اسی محبت و شفقت کی سوغات بچے کو دے۔ یتیموں کی پرورش بھی فطری اور مکمل طور پر اسی وقت ہو سکتی ہے جب انہیں یہ سوغات دی جائے۔ بچے اور سیانے کے درمیان ایک غیر محسوس رشتہ بھی ہے جسے ذہنی یا روحانی یا قلبی لگاؤ کہا جا سکتا ہے، اور اس رشتے اور لگاؤ کا حق والدین کی یا ان کی جیسی توجہ سے ہی ادا ہو سکتا ہے۔

ظاہر ہے کہ یہ ایک خصوصی و انفرادی توجہ ہے جو بچوں کو ایک محدود و مخصوص ماحول ہی میں مل سکتی ہے۔ اس توجہ کی تقسیم عمومی اور وسیع پیمانے پر ہو ہی نہیں سکتی۔ ایک عام قسم کے ماحول میں جسے خاندان سے ہٹ کر کوئی ادارہ قائم کرنا چاہے، اگر ایک ایک بچے پر کئی کئی خدمت گار اور معلم بھی مقرر ہو جائیں تو وہ ماحول نہیں پیدا کر سکتے جو ایک گھر کی محفوظ چار دیواری میں ہوتا ہے، چھوٹے سے بچے کو بڑا ماحول راس نہیں آ سکتا۔ عمر اور قویٰ کے تقاضے سے ایک محدود ماحول ہی اس کی صلاحیتوں کے نشو و نما کے لئے ساز گار ہو سکتا ہے۔ تیراکی کی ابتدائی مشق تالاب یا چھوٹی ندی ہی میں ہوتی ہے، ورنہ بڑے دریا یا کھلے سمندر میں اگر کسی اناڑی کو ہاتھ پاؤں مارنے کے لئے چھوڑ دیا جائے خواہ اس کے گرد و پیش ماہرین فن استادوں کا ہجوم ہی کیوں نہ ہو، تو وہ تمام ہی ہمدردوں اور مدد گاروں کی نگاہوں کے سامنے ڈوب جائے گا۔

دور حاضر سے زیادہ اس حقیقت کو ثبوت کہاں ملے گا کہ جس نونہال کو گھر پر، خاندان کے اندر، اس کے ماں باپ یا ویسے ہی سرپرستوں نے زندگی کے آداب نہیں سکھائے اور آدمیت کے سبق نہیں پڑھائے اسے نہ مدرسہ تعلیم و تربیت دے سکتا ہے، نہ مکتب نہ اسکول، نہ کالج، نہ یونیورسٹی نہ کنڈر گارٹن، نہ پاٹھ شالہ نہ کونونٹ نہ سینٹ زیویر!

آج کی تعلیم کا المیہ یہی ہے کہ بچوں کی تعلیم کو اداروں پر منحصر سمجھا جاتا ہے اور خاندان گویا اس تعلیم اطفال سے بری الذمہ ہو گئے ہیں۔ بہت صاف بات ہے کہ والدین یا گھر کے سرپرست اگر

نااہل یا غافل ہیں تو معلمین اور خدام نہ تو بچوں کو صحیح طور پر تعلیم دے سکتے ہیں نہ مکمل طور پر ان کی تربیت کر سکتے ہیں۔

آج بڑی بڑی تعلیم گاہیں اسی لئے بانجھ ہو رہی ہیں کہ چھوٹے چھوٹے گھر بنجر ہو چکے ہیں، یا گھروں کا بانجھ پن تعلیم گاہوں کو بنجر بنا رہا ہے۔ بات ایک ہی ہے اس لئے کہ تعلیم بغیر تربیت کے نہیں ہو سکتی اور تربیت بغیر تعلیم کے بے کار ہے۔ جب کہ تعلیم کے بغیر تربیت کا کوئی مطلب نہیں اور تربیت بغیر تعلیم صرف جہالت پیدا کر سکتی ہے۔ اس طرح یہ روایتی تقسیم بھی صحیح نہیں کہ تعلیم ایک چیز ہے اور تربیت دوسری چیز، اس لئے کہ دونوں ایک دوسرے کے لئے لازم و ملزوم ہیں، ایک غیر تربیت یافتہ بچہ تعلیم نہیں حاصل کر سکے گا اور ایک تعلیم یافتہ بچہ سب سے پہلے تربیت یافتہ ہو گا۔

اگر ہم تعلیم و تربیت کو معلمین اور والدین، درس گاہ اور خاندان کے درمیان تقسیم بھی کر دیں، تو یہ در حقیقت ایک سالم جسم کے دو ٹکڑے ہوں گے۔ واقعہ یہ ہے کہ جس چیز کو ہم گھر کی تربیت کہتے ہیں، وہ تعلیم ہی کی ایک شکل اور بنیادی شکل ہے۔ ایک بچے کو اس کے قریبی اعزا، جن کی گود میں وہ کھیلتا، جن کے ہاتھوں سے کھاتا اور جن کی انگلیاں پکڑ کر چلتا ہے، اپنی حرکات و سکنات سے تعلیم دیتے ہیں، اسے بولنا، چلنا، کھانا، پینا، پہننا، اوڑھنا سکھاتے ہیں۔

تعلیم زبان پر مبنی ہوتی ہے اور تعلیم کا ماحول صحیح قسم کی عادت سے پیدا ہوتا ہے، زبان تو مادری کہی ہی جاتی ہے، عادت کو بھی پدری کہنا چاہئے۔ نسل اور ورثے کی خصوصیات تو لازمی طور پر اور پیدائش سے پہلے ہی ایک بچے کو مل جاتی ہیں، مگر ماحول کی خصوصیت سب سے پہلے خاندان میں اور اس کے بعد بھی، دوسرے اداروں میں، خاندان ہی کے ذریعے حاصل ہوتی ہے۔ اس طرح بچے کی تعلیم کی نیو اس کے قریب ترین ماحول میں، ان لوگوں کے درمیان پڑتی ہے جو بالکل بے بسی کی حالت میں اس کی ساری ضروریات اور خواہشات پوری کرتے ہیں۔ چنانچہ جیسی نظر والدین، سرپرستوں، اور دیگر قریبی اعزا کے بچے پر ہو گی ویسا ہی سانچہ بچے کے شعور اور کردار کا

بن جائے گا۔

یہ فیضانِ نظر تھا یا کہ مکتب کی کرامت تھی
سکھائے کس نے اسماعیل کو آدابِ فرزندی

(اقبال)

(ایک مشہور حدیث میں بھی روایت ہے:
"ہر بچہ پیدا تو ہوتا ہے اسلام کی فطرت پر مگر بعض وقت اس کے والدین اسے یہودی یا مجوسی بنا دیتے ہیں۔"
یعنی بچے کی فطرت جو بھی ہو، وہ کتنی ہی سلیم ہو، اسلام کی ہو، اس کے والدین اور سرپرست اپنی مخصوص نظر سے اس فطرت کو انحراف کا راستہ بھی دکھا سکتے ہیں اور کفر و شرک کی ٹیڑھی میڑھی راہوں پر بھی صراطِ مستقیم سے ہٹا کر لگا سکتے ہیں۔)
یہ حقائق واضح کرتے ہیں کہ بچوں کی واحد، اصلی اور بنیادی تعلیم گاہ ان کا گھر اور خاندان ہے۔ جہاں ان کے معلمِ اول ان کے ماں باپ، سرپرست اور دیگر اعزہ ہوتے ہیں، لہٰذا نئی نسلوں کی تعلیم و تربیت کا مسئلہ حل کرنے اور مستقبل کے سماج کو بہتر بنانے کی کوئی صورت اس کے سوا نہیں ہے کہ خاندانی نظام کو درست کیا جائے۔

زوجین جو والدین بننے والے ہیں اپنے حقوق اور فرائض کو ٹھیک ٹھیک سمجھیں، نسلِ انسانی کے متعلق اپنا نظریہ اور رویہ دونوں درست کریں اور معاشی، سیاسی پہلوؤں کی بجائے معاشرتی، اخلاقی اور انسانی پہلوؤں کو اصل حیات تصور کریں۔ منصوبہ بندی سے زیادہ انسانیت کی شیرازہ بندی پر توجہ دیں، معیارِ رہائش کی بجائے شخصی کردار کو زندگی کا نصب العین بنائیں۔ تب ہی یہ ممکن ہو گا کہ اپنے گھر کی یونیورسٹی سے فارغ شدہ اور سند یافتہ ایک بچہ باہر کی یونیورسٹی کے کورس سے بھی فارغ ہو کر وہاں کی سند حاصل کرے۔ پھر باہر کے کورس سے فراغت اور وہاں کی سند بھی اسی وقت کارآمد، نتیجہ خیز اور مفید ہو گی جب گھر کی تعلیم سے فراغت ہو کر وہاں کی سند مل جائے۔

کوئی تعلیم گاہ ایسے بچے کو نیک چلنی اور لیاقت کا سرٹیفکیٹ نہیں دے سکتی جسے یہ سرٹیفکیٹ پہلے اپنے گھر سے نہ مل چکا ہو۔ جس طرح ریاست اور معاشرے کا کوئی تصور خاندان کا بدل نہیں ہو سکتا، اسی طرح تعلیم کا کوئی ادارہ گھر کی تعلیم کی جگہ نہیں لے سکتا۔

بچوں کا سال منانے والی اقوام متحدہ کو چاہئے کہ بچوں کی حقیقی فلاح کے لئے سب سے پہلے ٹوٹے ہوئے گھروں اور بکھرتے ہوئے خاندانوں کو بنانے اور جوڑنے کی کوشش کرے۔ اس لئے کہ آج کی دنیا کا غالب سماجی نظام خاندان کا شیرازہ بکھیر کر بچوں کے دلوں کو توڑ رہا ہے اور ان کی شخصیت کو اس درجہ پارہ پارہ کر رہا ہے کہ علم و ہنر کی بڑی سے بڑی ڈگری بھی انہیں ایک صالح انسان اور صحت مند فرد اور سفید پوش شخص بنانے سے قاصر ہے۔ بلکہ گھر کی فطری اور اخلاقی تعلیم کے بغیر ان کے علم میں ہونے والا ہر اضافہ انہیں اپنی دنیا اور سماج کے لیے زیادہ سے زیادہ خطرناک اور مہلک بنا رہا ہے۔ یہ ایک شدید عدم توازن ہے جس میں علم عقل سے دور ہوتا جا رہا ہے۔

برٹرنڈ رسل نے اس عدم توازن کو دور کرنے کے لیے اخلاقیات کو نصاب تعلیم کا جز بنانے پر زور دیا تھا۔ لیکن اخلاقیات کے لیے دینیات شرط ہے اور دینیات کو گھر سے شروع ہو کر تعلیم گاہ تک پہنچنا چاہیے ورنہ محض درسگاہوں میں دینیات کا پورا شعبہ بھی بیکار ثابت ہو گا۔

☆☆☆

Home and family, the first school for children. by: Abdul Mughni
TaemeerNews, Dated: 8-12-2021

مضمون: ۲۰

سوشل میڈیا اور غیر مصدقہ اطلاعات

عارف محمود کسانہ

"مشہور مزاحیہ فلمی اداکار مسٹر بین مسلمان ہو گئے"

سوشل میڈیا پر گردش ہونے والی اس خبر نے چونکا دیا۔ خبر کے ساتھ ہی مبارک سلامت کے پیغامات کے ساتھ خوشی کا اظہار کیا جا رہا تھا لیکن ساتھ ہی اکا دکا سنجیدہ احباب نے اسے معتبر قرار نہ دیا اور تصدیق کرنے پر واقعی یہ خبر درست نہ نکلی۔

سوشل میڈیا پر اس نوعیت کی دیگر خبروں اور معلومات پر ذہن اس طرف چلا گیا۔ یہ درست ہے کہ سوشل میڈیا کی بدولت لوگوں میں باہمی رابطے کے ساتھ معلومات کا تبادلہ اور اہم معاملات پر آگاہی رہتی ہے مگر ساتھ ہی بغیر تصدیق کے اہم اور حساس موضوعات پر معلومات شیئر کرنا نہ صرف دوسروں کو غلط معلومات بہم پہنچانے کا ذریعہ ہوتا ہے بلکہ یہ جگ ہنسائی کا باعث بھی بنتا ہے۔

مسٹر بین کے اسلام قبول کرنے کی غلط خبر کو بغیر تصدیق کئے پھیلا کر اسلام کی خدمت کی بجائے توہین کی جاری ہے۔ اسی نوعیت کی اکثر خبریں گردش میں ہوتی ہیں جو ذمہ دار ذرائع سے نہیں آتیں۔

کبھی یہ خبر کہ چاند پر جانے والے امریکی نیل آرم اسٹرانگ نے قاہرہ میں اذان کی آواز سن کر کہا کہ یہ آواز میں نے چاند پر بھی سنی تھی۔ جس کے بعد انہوں نے تردید میں کہا کہ وہ کبھی قاہرہ گئے ہی نہیں اور رہا چاند کا معاملہ وہاں تو خلا ہے آواز کیسے سنائی دے گی؟

کبھی یہ خبر فلاں کھلاڑی مسلمان ہو گیا ہے۔ فلاں مشہور شخصیت نے اسلام قبول کر لیا۔ فلاں شاتم

رسول اور اسلام دشمن جل کر مر گیا ہے۔ ایسی باتیں پھیلانے والے سمجھتے ہیں کہ وہ اسلام کی خدمت کر رہے ہیں حالانکہ صورتحال اس کے برعکس ہے۔

کبھی یہ اطلاع آئے گی کہ خانہ کعبہ پر روشنی کا ہالہ موجود تھا۔ فلاں مسجد کا مینار خود بخود زمین سے کھڑا ہو کر اپنی جگہ چلا گیا وغیرہ۔ ایسی اطلاعات کی بھی تصدیق نہیں ہو سکی۔

ہمیں یاد رکھنا چاہئے کہ رسول اللہ (صلی اللہ علیہ وسلم) نے اپنی پوری زندگی میں اس نوعیت کے واقعات کو اپنی سچائی کا ثبوت پیش کرنے کے بجائے قرآن کو پیش کیا اور کہا اس پر غور کرو۔ اگر دل و دماغ گواہی دیں تو اسلام قبول کر لو مگر مافوق الفطرت یا اتفاقی حادثات کو انہوں نے تبلیغ دین کا ذریعہ نہیں بنایا۔

کچھ اسی نوعیت کی اور معلومات بھی گردش میں ہوتی ہیں کہ فلاں وقت یا دن یہ وظیفہ کرو تو فلاں مقصد پورا ہو گا یا خوشخبری ملے گی۔ یہ ذکر کرو تو یہ حاصل ہو گا۔ پوری زندگی کے گناہ ختم ہو جائیں اور ساتھ ہی تاکید ہوتی ہے کہ اسے Like بھی کریں اور شیئر ضرور کریں۔ اور اگر نہ کریں گے تو نقصان ہو گا۔ جیسا کسی دور میں ہوتا تھا کہ فوٹو اسٹیٹ کروا کے تقسیم کریں۔

ایک ایسا دین جس کی بار بار تعلیم ہے کہ غور کرو۔ فکر کرو۔ تدبر کرو۔ سوچو اور عمل کرو لیکن ایسے ذکر و اذکار کی طرف اس دین کے حاملین کی توجہ مبذول کرائی جاتی ہے جو قرآن و سنت سے بھی ثابت نہیں اور نہ ہی ضروری ہیں، بلکہ وہ مسلمانوں کی بے عملی کا باعث بن رہے ہیں۔ جس کی وجہ سے دنیا میں مسلمان پستی کا شکار ہیں۔ جبکہ دیگر غیر مسلم اقوام علم و حکمت سے ترقی کی راہ پر گامزن ہیں مگر ہم ایسے ذکر میں مبتلا ہیں جسے ابلیس کی زبانی علامہ اقبال نے یوں کہا ہے:

مست رکھو ذکر و فکر صبح گاہی میں اسے
پختہ تر کر دو نظام خانقاہی میں اسے

ثواب کمانے کے ساتھ ساتھ بیماریوں کے علاج کیلئے بھی وظائف، آیات اور اذکار پیش کئے جاتے ہیں جو اسلام کی تعلیمات کے مطابق نہیں ہوتے۔ لطف کی بات یہ ہے کہ جو ایسی چیزیں پیش کر رہے

ہیں وہ خود جب بیمار ہوتے ہیں تو باقاعدہ میڈیکل علاج کراتے ہیں۔

سب سے زیادہ احتیاط رسول پاک صلی اللہ علیہ وسلم کے اقوال اور احادیث کو پیش کرتے ہوئے مد نظر ہونی چاہئے۔ جب بھی کسی حدیث کا حوالہ دینا ہو تو حدیث پوری تحریر کرنی چاہئے۔ کس شخص نے روایت کی ہے اور اس روایت میں کون کون سے لوگ شریک ہیں اور پھر حدیث کی قسم بھی بیان کر دینی چاہئے کہ کیا یہ حدیث صحیح ہے۔ حدیث قدسی ہے، مرفوع، موقوف یا کس قسم کی ہے؟ ضعیف احادیث یا موضوع روایات پیش نہ کی جائیں۔

محدثین کرام کی رائے میں ایسی احادیث جن میں کسی قوم یا خاندان کی برائی، مختلف پیشوں کی برائی، جو شان نبوت، اسوہ حسنہ، قرآن کی تعلیمات کے منافی، تاریخی حقائق اور عام مشاہدہ کے منافی ہوں انہیں پیش نہ کیا جائے۔

مزید یہ کہ جو حکمت و اخلاق، قواعد طب، آئندہ پیش آنے والی پیشین گوئیاں جو مہینہ اور سال کے ساتھ واضح ہوں، اگر حدیث تواتر کے خلاف ہوں، اجماع قطعی کے خلاف ہوں اور خلاف عقل ہو، انہیں بھی دوسروں سے شیئر نہ کریں۔

مختصر مشورہ یہی کہ جو معلومات بھی آگے پھیلائیں وہ مصدقہ ہوں اور آپ کے پاس اس کا حوالہ ہونا چاہئے اور اگر دوسروں کی جانب سے پیشکشی ہو تو آپ خود بھی اس کا حوالہ طلب کیا کریں۔

☆☆☆

Social media and disinformation sharing. by: Arif Mahmood Kasana
TaemeerNews, Dated: 18-10-2013

مضمون: ۲۱

آن لائن اردو صحافت - عصری اقدار اور تقاضے

مکرم نیاز (حیدرآباد)

ڈیجیٹل جرنلزم یعنی آن لائن صحافت موجودہ دور میں اردو زبان کے لیے بھی کوئی نئی بات نہیں رہی ہے۔ مشہور زمانہ بی۔بی۔سی کی ویب سائٹ، وائس آف امریکہ، جرمنی سے ڈوئچے ویلے، صدائے روس، مشرق وسطیٰ سے العربیہ اور پڑوسی ملک پاکستان سے جنگ، ڈان کے علاوہ سینکڑوں قومی و علاقائی اخبارات کی اردو ویب سائٹس عرصہ دراز سے انٹرنیٹ پر موجود ہیں۔

اس میں شک نہیں کہ ہندوستان کے تقریباً تمام اہم اردو اخبارات اپنے پرنٹ ایڈیشن کے ساتھ ویب ایڈیشن بھی جاری کرتے ہیں جن میں منصف، سیاست، راشٹریہ سہارا، انقلاب، اعتماد، اردو ٹائمز، صحافت، ہندوستان اکسپریس، اخبار مشرق، اودھ نامہ، ہمارا سماج، عزیز الہند کے علاوہ دیگر بہت سے علاقائی اخبارات شامل ہیں۔ مگر یہ صورتحال تھوڑی تشویشناک ہے کہ جدید عصری تقاضوں کے مطابق ہندوستان سے شائع ہونے والے اردو اخبار معدودے چند ہی ہیں۔

عصری آن لائن صحافت کی یوں تو ڈھیر ساری خصوصیات گنائی جا سکتی ہیں مگر سب سے بڑی خصوصیت مطلوبہ مواد کی فوری تلاش میں سہولت کی عام دستیابی ہے۔ گلوبل ولیج یا گوگل ایج کے دور کا صارف آج کسی نشریاتی ادارے یا اخباری ایجنسی کا قیدی نہیں رہا ہے۔ وہ براہ راست انٹرنیٹ کے کسی سرچ انجن کے سہارے مطلوبہ مواد اپنے مطالعے یا اضافۂ معلومات کی خاطر حاصل کر لیتا ہے چاہے وہ داعش جیسی انتہا پسند تنظیم سے متعلق مواد ہو، یا مسلم دنیا کی کشمکش کی صورتحال یا برصغیر کی سیاست و سماجیات کے اتار چڑھاؤ کے مسائل ہوں یا کھیل و تفریح کی دنیا کی خبریں ہوں۔

دنیا کا کوئی موضوع ایسا نہیں جسے کی-بورڈ یا موبائل کے ذریعے چند الفاظ کو لکھ کر اس سے متعلق تازہ ترین خبر یا معلومات حاصل نہ کی جا سکیں۔

بین الاقوامی زبانوں کی کمپیوٹر میں شناخت کے واحد نظام کے طور پر ہر چند کہ "یونیکوڈ" کا اجرا ۱۹۹۱ میں ہو گیا تھا مگر اردو زبان کی شمولیت اس نظام میں 1999 میں ہوئی اور ونڈوز۔۲۰۰۰ وہ پہلا آپریٹنگ نظام تھا جس میں باقاعدہ اردو کی بھی سپورٹ رکھی گئی تھی۔ ان ۱۴ سالوں کے دوران انٹرنیٹ پر تلاش کے قابل تحریری اردو زبان نے جو ترقی کی ہے وہ آج ہم سب کے سامنے واضح ہے کہ سرچ انجنز اردو رسم الخط میں کی گئی تلاش کے بہتر نتائج پیش کرتے ہیں۔ بطور مثال اگر کسی سرچ انجن میں "زاہد علی خان سیاست" کے الفاظ تلاش کیے جائیں تو نتائج کے صفحہ پر سیاست کی ویب سائٹ کے روابط سب سے اوپر نمودار ہوتے ہیں اسی طرح "مجلس اتحاد المسلمین اعتماد" کے الفاظ کی تلاش پر روزنامہ اعتماد کے مختلف صفحات کے لنکس ہمیں دستیاب ہوں گے۔

آن لائن جرنلزم کی خصوصیت یہی ہے کہ متعلقہ مواد کی فوری تلاش کی سہولت نے جہاں آسانی بہم پہنچائی ہے وہیں تحقیق و تفتیش کی ذمہ داری بھی صحافیوں پر عائد کی ہے۔ ہمارے سامنے کسی موضوع سے متعلق لامتناہی مواد موجود ہے اور اس میں سے سچائی کو ڈھونڈ نکالنا ہے تاکہ درست معلومات کی رسائی قارئین یا ناظرین تک ہو سکے بصورت دیگر کاہلی، لاپروائی یا حد سے زیادہ جذباتیت عوام میں صحافت کے معیار اور اعتماد کو کھونے کا سبب بنے گی۔ روایتی صحافت کے مقابلے میں آن لائن جرنلزم نے زبان کا مسئلہ بھی بڑی حد تک ختم کر دیا ہے۔ گوگل ٹرانسلیٹ کی مدد سے دیگر زبانوں یا معاشروں کے اصل مواد تک پہنچتے ہوئے کسی موضوع کے حقائق کا علم حاصل کیا جا سکتا ہے۔ یعنی کسی خبر کی سرخی کے انگریزی الفاظ کا متعلقہ زبان میں ترجمہ اور پھر اس ترجمے کی سرچ انجن تلاش کے ذریعے اس معاشرے یا ملک کی متعلقہ خبروں کا گوگل ترجمہ ہی کے توسط سے مفہوم حاصل کیا جا سکتا ہے۔

اگر صحافت صحت مند جمہوریت کا چوتھا ستون ہے تو سب سے پہلے خود اسے ایک محتسب کی ضرورت لاحق ہے۔ کیونکہ انصاف یہ نہیں کہ کوئی خود کو احتساب سے مستثنیٰ کر کے دوسروں کی جانچ پڑتال کو

اپنا حق باور کرے۔ یہی سبب ہے کہ گذشتہ زمانے کے برعکس آج کے انٹرنیٹ دور میں تحقیقاتی صحافت کو زیادہ معتبر اور اہمیت و افادیت کے قابل باور کیا جارہا ہے۔ آن لائن صحافت پر عبور رکھنے والا ایک صحافی متعلقہ دستاویزات کی چھان بین کرتے ہوئے ممکنہ غلطیوں اور مفروضوں کا پتا چلاتے ہوئے درست نتیجے کے زیادہ قریب پہنچ سکتا ہے۔

لیکن جہاں تک اردو کی تحقیقاتی صحافت کا سوال ہے، یہ امر باعث تشویش ہے کہ دیگر زبانوں کے بالمقابل معیار و تحقیق کے بجائے جذباتیت و اشتعال انگیزی پر زور دیا جارہا ہے۔ اس کی ایک حالیہ مثال روضہ نبوی کے مقام کی تبدیلی کے حوالے سے دو برطانوی اخبارات کی آن لائن رپورٹ کو بغیر تحقیق کے، ایک مخصوص نقطہ نظر سے شائع کرنا اور عوام کے جذبات کو بھڑکانا تھا۔ حتیٰ کہ سوشل میڈیا پر بھی اصل حقائق کی جڑ تک پہنچے بغیر اس مسئلہ کو بھرپور طریقے سے اچھالا گیا۔ بعد کے واقعات اور خود ہمارے ملک میں موجود سعودی سفارتخانے کی وضاحت نے اصل منظر نامہ سے عوام کو آگاہ کیا کہ اس افواہ کی حقیقتاً کوئی بنیاد نہیں تھی۔ حالانکہ اگر کوئی اردو صحافی تھوڑی سی محنت کرتا اور اس موضوع پر عربی اخبارات کے مضامین اور تجزیوں کا سرسری ترجمہ ہی دیکھ لیتا تو اس پر حقیقی صورتحال یقیناً روشن ہو جاتی تھی۔

دوسری مثال داعش کے معاملے میں روزنامہ "قاصد" دہلی کے مدیر اشہر ہاشمی نے اپنے ایک اداریہ میں پیش کی ہے۔ وہ لکھتے ہیں: "پورا عالمی میڈیا اس وقت عالم اسلام کی جو تصویر پیش کر رہا ہے وہ اصل سے بعید، پیچیدہ اور گمراہ کن ہے۔ ہم بڑے شوق سے یہ تمام خبریں چھاپتے ہیں یہ جانے بغیر کہ اصل واقعہ کیا ہے۔ صرف ایک مثال سامنے رکھیں۔ غزہ میں حماس کے خلاف جس وقت اسرائیلی وحشت اور درندگی کا بازار گرم تھا اسی وقت عراق اور شام میں داعش بھی شریک کلمہ مسلمانوں پر ویسی ہی بربریت کا مظاہرہ کر رہی تھی جیسی بربریت کا مظاہرہ غزہ میں تھا۔ لیکن عالمی پریس غزہ کو اچھال رہا تھا۔ عراق کی صورتحال کی پردہ پوشی کر رہا تھا۔ ریکارڈ ہمارے سامنے ہے کوئی بھی اردو اخبار اٹھا کر دیکھ لیں۔ غزہ کی خبریں ان کے احتجاج، رد عمل، بیان بازی سے اخبارات

بھرے پڑے ہیں۔ ۲۵ سال جنگ سے تباہ حال عراق میں بچی کھچی امید پر بھی پانی پھیرنے والی ایک زیادہ سفاک اور تباہی خیز مہلک طاقت داعش کے خلاف نہ کسی رنج کا اظہار ہوا نہ احتجاج کا۔ یہ صورتحال اس بات کا تقاضا کرتی ہے کہ خبروں کے انتخاب اور ترسیل اور اشاعت میں توازن لانے کی کوشش کے ساتھ اس کا لحاظ رکھا جائے کہ اردو پریس مغرب کے پروپیگنڈہ میں شریک نہ ہو۔"

آن لائن جرنلزم نے بلاشبہ اشاعتی ذرائع ابلاغ کے بالمقابل چند نئے اقدار کو عروج پر پہنچایا ہے۔ پہلے کہا جاتا تھا کہ اخبار کی زندگی ایک روزہ ہوتی ہے مگر آج کی آن لائن صحافت نے اس تصور کو یکسر ختم کر دیا ہے۔ جس کا ایک فائدہ جہاں تحقیقاتی صحافیوں کو موضوعاتی تحقیق کے حوالے سے گذشتہ ایام کے مواد تک بآسانی رسائی کے ذریعے حاصل ہوا ہے تو زبان و ادب کی درستگی کے ہمہ جہتی مواقع نے بھی عام قاری یا ناظر کو مستفید کیا ہے۔ خبر یا مضمون کی کسی بھی وقت تدوین یا رد و بدل و اضافہ آن لائن صحافت کی خصوصیات میں شامل ہے۔ جبکہ اردو صحافت کے حوالے سے عموماً یہ شکایت عام ہے کہ پروف ریڈنگ کی غلطیاں اور لسانی اصول و ضوابط سے صرف نظر کیا جاتا ہے۔ اشاعتی ذرائع ابلاغ میں شاید یہ خامی قابل نظر انداز ہو کہ گذشتہ دن کے اخبار کو نہ کوئی پوچھتا ہے اور نہ ہی وہ محفوظ رکھا جاتا ہے۔ مگر یہی بات آن لائن صحافت کے اصول و اقدار کے حوالے سے درست نہیں کہلائی جا سکتی۔ کیونکہ آن لائن اخبار صرف ایک دن کے لیے نشر نہیں ہوتا بلکہ عین دوسرے دن سے تاریخ و تحقیق کا قابل دسترس حصہ بھی بن جاتا ہے۔ اور سرچ انجن قاری کو اس کی تلاش پر صرف وہی بتائیں گے جو اخبار کی ویب سائٹ پر محفوظ ہو۔ غلط املا یا صرف و نحو کی خامیوں کے سبب ایک تو درست مواد متلاشی کی دسترس تک پہنچ نہ پائے گا، دوسرے ایک غلط زبان انٹرنیٹ سرچنگ کے ڈیٹا بیس میں فروغ پاتی جائے گی۔ اور بہت ممکن ہے مستقبل کا اردو صحافی انہی سرچ انجنز کے نتائج کے حوالے سے عام قاری یا ناظر کو یہ باور کرائے کہ لفظ عوام "جمع مذکر" نہیں بلکہ "واحد مونث" ہے۔ درست لفظ "برافروختہ" نہیں "بروفراختہ" ہے کیونکہ گوگل سرچ کے ذریعے لفظ "بروفراختہ" بھی کئی اردو خبروں اور مضامین میں مل جاتا ہے۔ لہذا یہ ذمہ داری بھی آن لائن

صحافت سے وابستہ افراد اور اداروں کی ہے کہ وہ درست زبان کی حفاظت اور انٹرنیٹ پر اس کے فروغ کی خاطر خامی کی نشاندہی پر تدوین کے اختیار کا استعمال کرتے ہوئے زبان کے تئیں اپنی ذمہ داری کا فرض نبھائیں۔

ایک تصویر ہزار الفاظ پر بھاری ہے۔ اس مقولہ نے آن لائن جرنلزم کو بھی کافی حد تک متاثر کیا ہے۔ بلکہ یہ کہا جائے تو بے جانہ ہوگا کہ اشاعتی ذرائع ابلاغ پر نشریاتی ذرائع ابلاغ کی ایک لحاظ سے برتری تصویر اور آڈیو ویڈیو کے ذریعے ہی ممکن ہوئی ہے۔ سوشل میڈیا پر موقع کی مناسبت سے تصویر یا ویڈیو کی فوری اشاعت نے کس قسم کے انقلابات لائے ہیں یہ تقریباً ہر عام آدمی جانتا ہے۔ مگر اس سہولت کے منفی استعمال نے آن لائن جرنلزم کی شہرت کو نقصان ہی پہنچایا ہے۔ یہی سبب ہے کہ مغربی مقالہ نگار اسٹیفن وارڈ نے آن لائن جرنلزم کی اخلاقیات و اقدار کے حوالے سے تحریر کردہ مضمون میں ڈیجیٹل تصاویر کو موضوعِ بحث بناتے ہوئے کہا ہے کہ "بآسانی تصاویر کھینچنے، آن لائن نشر کرنے اور پھر اس میں ہیرا پھیری کرنے کے بڑھتے واقعات نے فوٹو جرنلزم کے ان روایتی اصول و اقدار پر سنگین ضرب لگائی ہے جو غیر ڈیجیٹل دور میں تصاویر یا ویڈیو کی نشر و اشاعت کے لیے مدون کیے گئے تھے۔"

ایسے واقعات آن لائن اردو صحافت میں بھی دیکھے جا رہے ہیں جس کے سدباب کی جانب انفرادی، اجتماعی اور ادارہ جاتی سطح پر توجہ دی جانی چاہیے۔

موجودہ دور میں آن لائن صحافت کا سب سے بڑا ہتھیار سوشل میڈیا باور کیا جاتا ہے جس میں فیس بک، ٹوئٹر، گوگل پلس، پن انٹرسٹ، لنکڈان، ٹمبلر، انسٹاگرام، فلکر وغیرہ شامل ہیں۔ چونکہ اشاعتی ذرائع ابلاغ پر آن لائن صحافت کی واضح برتری "بریکنگ نیوز" کے حوالے سے مانی جاتی ہے۔ لہذا ان تمام میں مقبول ترین سوشل میڈیا کا مقام "ٹوئٹر" نے حاصل کیا ہے۔ اس نے دیگر سوشل میڈیا پلیٹ فارم مثلاً فیس بک اور گوگل پلس کے مقابلے میں جتنی تیزی سے مقبولیت حاصل کی ہے وہ اپنی مثال آپ ہے۔ درحقیقت ٹوئٹر ایک ایسا پلاٹ فارم ہے جس کے ذریعے کوئی بھی صحافی یہ جان سکتا

ہے کہ کسی بھی لمحے دنیا میں کب کہاں اور کیسے کیا ہو رہا ہے؟ کہا جاتا ہے کہ انگریزی اور دیگر غیر ملکی زبانوں کے اخبارات کے صفحہ اول کے پرنٹ ایڈیشن کی سرخیاں ٹوئٹر ہی کی بریکنگ نیوز کے سہارے طے ہوتی ہیں۔ ہندوستانی میڈیا (انگریزی اور ہندی) کی نامور ہستیاں، سیاست داں، صحافی، سماجی جہد کار اور فلمی شخصیات وغیرہ ٹوئٹر پر جہاں فعال نظر آتی ہیں وہیں عوامی ذہن سازی کا ہنر بھی ان کی ٹوئٹس سے نمایاں نظر آتا ہے۔

گو کہ ٹوئٹر پر مارچ ۲۰۱۲ء میں دائیں سے بائیں لکھی جانے والی چار زبانوں (اردو، عربی، فارسی اور عبرانی) کی سہولت فراہم کی گئی تھی مگر اس کے باوجود ہندوستانی اردو صحافت سوشل میڈیا کے اس اہم ترین پلیٹ فارم پر کم ہی نظر آتی ہے۔ اردو میں ٹوئٹ کرنے والے ہندوستانی اردو صحافیوں کی تعداد شاید ۲۰ سے بھی کم ہوگی۔ جبکہ پڑوسی ملک پاکستان سے یہی تعداد بلا مبالغہ ۱۰۰ سے اوپر ہے۔ ہندوستانی اردو صحافیوں کے لیے ضروری ہے کہ وہ رومن اردو یا انگریزی کے ساتھ ساتھ اردو رسم الخط میں بھی ٹوئٹ کرنے کے رجحان کو فروغ دیں۔ یا کم از کم اردو کے مقامی یا علاقائی اخبارات کی اہم سرخیوں کو ہی ٹوئٹ کر کے اپنی زبان کو سوشل میڈیا پر عوامی طاقت کا منبع بنایا جاسکتا ہے۔

برقی و مواصلاتی تکنالوجی کی تیز رفتار ترقی کے باعث آج دنیا ایک مختصر سے گاؤں میں تبدیل ہو چکی ہے۔ اب دنیا کے کسی بھی حصہ میں ہونے والا واقعہ یا سانحہ لمحہ بھر میں دنیا کے کونے کونے میں ہر زبان میں پہنچ جاتا ہے۔ آن لائن صحافت نے ابلاغی و مواصلاتی شعبے کی ریڑھ کی ہڈی کا درجہ حاصل کیا ہے۔ اردو زبان کے صحافیوں کو بھی اس شعبے میں زیادہ سے زیادہ آگے آ کر جہاں اپنی زبان اور تہذیب کی بقا و ترقی میں حصہ لینا چاہیے وہیں اپنی خداداد لیاقت و صلاحیتوں کی بین الاقوامی شناخت کے مواقع سے بھی وہ فیضیاب ہو سکتے ہیں۔ اس طرح وہ قارئین و ناظرین بھی جو کسی سبب اپنے ملک و معاشرے سے دور ہیں کسی غیر زبان کے بجائے اپنی ہی اردو زبان کے ذریعے اپنے وطن اور ہم وطنوں سے رابطے میں رہنے کی سہولت سے مستفید ہو سکتے ہیں۔

☆☆☆

Online urdu journalism - contemporary values & demands. by: Mukarram Niyaz
TaemeerNews, Dated: 10-01-2018

تعمیر نیوز ویب پورٹل کے منتخب مضامین

زندگی سیریز

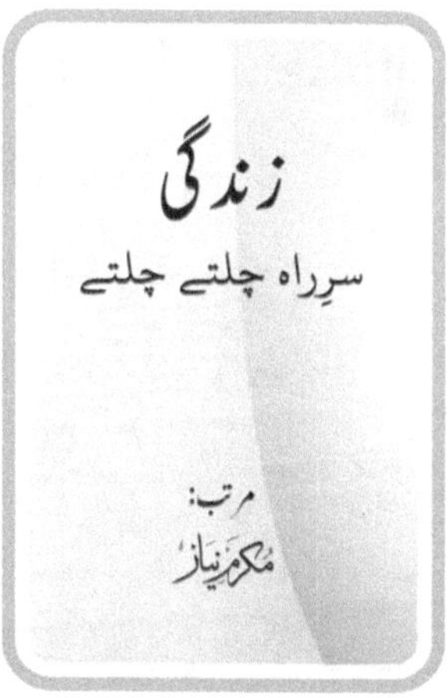

AF747178

www.ingramcontent.com/pod-product-compliance
Lightning Source LLC
LaVergne TN
LVHW100402051026
849518LV00003B/1111

* 9 7 8 8 1 1 9 0 2 2 3 9 7 *